#philosophieorientiert

In der Politik, in der Gesellschaft aber auch im Alltäglichen haben wir es immer wieder mit grundsätzlichen Fragen danach zu tun, was man tun soll, was man glauben darf oder wie man sich orientieren sollte. Also etwa: Dürfen wir beim Sterben helfen?, Können wir unseren Gefühlen trauen?, Wie wichtig ist die Wahrheit? oder Wie viele Flüchtlinge sollten wir aufnehmen? Solche Fragen lassen sich nicht allein mit Verweis auf empirische Daten beantworten. Aber sind die Antworten deshalb bloße Ansichtssache oder eine reine Frage der Weltanschauung? In dieser Reihe zeigen namhafte Philosophinnen und Philosophen, dass sich Antworten auf alle diese Fragen durch gute Argumente begründen und verteidigen lassen. Für jeden verständlich, ohne Vorwissen nachvollziehbar und klar positioniert. Die Autorinnen und Autoren bieten eine nachhaltige Orientierung in grundsätzlichen und aktuellen Fragen, die uns alle angehen.

Für bisher erschienene Bände besuchen Sie bitte die Webseite: http://www.springer.com/series/16099

Alexander Staudacher •
Christoph Sebastian Widdau

Pazifismus – Ausweg in einer Welt voller Kriege?

1682
J.B. METZLER

Alexander Staudacher
Institut III - Bereich Philosophie
Otto-von-Guericke-Universität
Magdeburg, Deutschland

Christoph Sebastian Widdau
Institut III - Bereich Philosophie
Otto-von-Guericke-Universität
Magdeburg, Deutschland

ISSN 2524-468X ISSN 2524-4698 (electronic)
#philosophieorientiert
ISBN 978-3-662-72846-8 ISBN 978-3-662-72847-5 (eBook)
https://doi.org/10.1007/978-3-662-72847-5

Die Deutsche Nationalbibliothek verzeichnet diese Publikation in der Deutschen Nationalbibliografie; detaillierte bibliografische Daten sind im Internet über https://portal.dnb.de abrufbar.

Planung/Lektorat: Franziska Remeika
J.B. Metzler ist ein Imprint der eingetragenen Gesellschaft Springer-Verlag GmbH, DE und ist ein Teil von Springer Nature.
Die Anschrift der Gesellschaft ist: Heidelberger Platz 3, 14197 Berlin, Germany

Inhaltsverzeichnis

Über die Autoren

PD Dr. Alexander Staudacher ist Mitarbeiter am Lehrstuhl für Theoretische Philosophie an der Otto-von-Guericke-Universität Magdeburg.

Dr. Christoph Sebastian Widdau ist Mitarbeiter am Lehrstuhl für Praktische Philosophie an der Otto-von-Guericke-Universität Magdeburg.

1
Einleitung

Krieg, die bewaffnete „organisierte Gewaltanwendung größeren Umfangs“ (Rudolf 2005b, S. 493) zwischen Gruppen von Menschen oder Staaten, gilt, zumindest seit den beiden Weltkriegen, gemeinhin als ein Übel. Es gibt kein Recht zum Krieg, um politische und ökonomische Ziele zu erreichen. Es gibt kein Recht, mittels Krieg Territorien, Bodenschätze und Wohlstand zu erlangen oder kulturelle Werte durchzusetzen. Diese Position ist auch durch Artikel 2 Ziffer 4 der Charta der Vereinten Nationen gedeckt, die für alle Mitglieder verbindlich ist. Zumindest pro forma bekennen sich alle Mitgliedsstaaten dazu, auch wenn in der Praxis immer wieder dagegen verstoßen wird. Wer dagegen verstößt, versucht seine Sache in der Regel allerdings so darzustellen, dass kein Verstoß vorliegt. Daran kann man erkennen, dass es sich niemand glaubt leisten zu können, Verstöße schlichtweg einzuräumen.

Strittig ist, ob der Krieg ein *unter allen Umständen* zu vermeidendes Übel ist, oder ob er unter bestimmten Bedin-

A. Staudacher, C. S. Widdau, *Pazifismus – Ausweg in einer Welt voller Kriege?*, #philosophieorientiert,
https://doi.org/10.1007/978-3-662-72847-5_1

gungen, etwa zur Vermeidung noch größerer Übel, geführt werden darf oder gar muss. Der absolute Pazifismus (s. Kap. 3) oder, wie es manchmal auch heißt, Pazifismus im „engen Sinn“ (Hinsch 2017, S. 146; Grotefeld 2007, S. 102, Anm. 4) ist die Auffassung, dass Krieg ein Übel ist, das unter allen Umständen vermieden werden muss: Entsprechend kann es niemals erlaubt sein, einen Krieg zu führen. Einige Kernanliegen des Pazifismus dürften heute in Europa, zumindest dem Lippenbekenntnis nach, kaum kontrovers sein, etwa, dass es niemals erlaubt ist, Kriege zu führen, um Herrschaft über Land, Ressourcen oder Menschen zu gewinnen, sowie, dass eine dauerhaft friedliche Welt ohne Kriege und mit friedlichen Konfliktlösungsmechanismen ein besseres Leben für alle bedeuten würde (vgl. Tolstoi 2023, S. 172). Kontroverser dürften diese pazifistischen Forderungen sein:

- vollständige militärische Abrüstung in einer Welt voller Akteure, die dabei nicht im gleichen Maße ‚mitziehen‘ oder denen man nicht trauen kann, dass sie gleichermaßen ‚mitziehen‘ würden
- Verzicht auf *reaktive* militärische Gegenwehr zur Selbstverteidigung bei einem Angriff oder Überfall und auf die zur Gegenwehr nötigen organisatorischen Mittel wie eine Armee mit entsprechender Bewaffnung und Ausrüstung
- keine militärische Befreiung von Unterdrückten
- keine bewaffneten Aufstände, um sich von despotischen Regimes zu befreien
- kein militärisches Eingreifen zur Beendigung oder Verhinderung eines Völkermords
- keine Lieferung von Waffen zur Unterstützung einer Partei in einem Krieg, die sich eines militärischen Überfalls mit militärischen Mitteln erwehren will

Obwohl nach dem Zweiten Weltkrieg und der Wiederbewaffnung niemals offizielle Politik in den beiden deutschen Staaten, hatten dort viele Menschen angesichts der vollständigen militärischen und moralischen Niederlage des extrem militaristisch geprägten Nationalsozialismus eine pazifistische Haltung. Ferner erschien diese vielen angesichts der beängstigenden Risiken eines Atomkrieges zwischen Ost und West, der noch dazu mit ziemlicher Sicherheit auf deutschem Territorium ausgetragen worden wäre, als vernünftig. Doch hat sich in den letzten Jahren auch und gerade bei exponierten politischen Vertretern pazifistischer Überzeugungen, wie etwa Bündnis 90/Die Grünen und beträchtlichen Teilen ihrer Anhängerschaft, ein radikaler Wandel vollzogen. Deutschland beteiligte sich unter einer Bundesregierung, der diese Partei angehörte, in Serbien und im Kosovo sowie in Afghanistan zum ersten Mal nach 1945 an Militäreinsätzen, in denen Kriegswaffen eingesetzt wurden. In Anbetracht des russischen Überfalls auf die Ukraine im Februar 2022 plädieren Bündnis 90/Die Grünen zwar nicht für eine sogenannte direkte deutsche Beteiligung an diesem Krieg, stehen aber in vorderster Linie, wenn es darum geht, intensivere Unterstützung der Ukraine mit Waffen zu befürworten. Der Krieg in der Ukraine, der wiederholt geäußerte Anspruch Chinas, sich Taiwan mit militärischer Gewalt einverleiben zu dürfen, und von US-Präsident Donald Trump mit martialischen Drohungen untermalte Expansionsgelüste können Zweifel daran wecken, dass Krieg noch gemeinhin als Übel gilt. Bedauerlicherweise drängt sich die Frage auf, ob inzwischen nicht wieder von weitaus mehr Akteuren als zuvor, noch dazu von international einflussreichen, Clausewitz' berühmte Formel vom Krieg als „Fortsetzung der Politik mit anderen Mitteln“ (Clausewitz 2002 I, i § 24) zur Handlungsmaxime erhoben werden könnte. So ist es nicht verwunderlich, dass viele mit einem äußerst mulmigen Gefühl auf die internationale Lage blicken und die friedliche Epoche, derer sich zumindest weite Teile Europas seit 1945 erfreuen dürfen, nur als Zwischenspiel ansehen, das sich dem Ende zuneigt. Zudem ist es alles andere als einfach, angesichts dieser Lage überzeugende Lösungen in Konfliktfällen zu finden. Einerseits scheint es nachvollziehbare Gründe für den pazifistischen Standpunkt zu geben: Der Einsatz des Militärs geht mit dem Risiko schwer kalkulierbarer, vielleicht unkontrollierbarer Eskalation von militärischer Gewalt und Gegengewalt einher. Was das für Folgen haben kann, wenn mindestens eine der beteiligten Parteien über Atomwaffen verfügt, ist klar. Andererseits kann eine pazifistische Politik gerade angesichts der genannten Risiken mindestens ebenso halsbrecherisch riskant sein: Wer im Sinne des Pazifismus handelt, droht mit allen denkbaren Konsequenzen zur leichten Beute derer zu werden, die nicht so handeln.

Die Gründe und Motive dafür, zu Krieg und Frieden Stellung zu beziehen oder sich mit einer eindeutigen Entscheidung schwer zu tun, werden sich häufig aus einer Mischung persönlicher Interessen, Sorgen und Ängste speisen, aber auch aus grundlegenden moralischen Überzeugungen, wie es in der Welt am besten zugehen sollte. In unserem Buch werden wir den Pazifismus und seine Alternativen aus einer dezidiert *ethischen* Perspektive diskutieren. Das bedeutet, dass Fragen danach, was in Konfliktfällen politisch oder strategisch opportun sein könnte, nicht thematisiert werden. Es bedeutet auch, dass eine wichtige Quelle des Pazifismus, die für Pazifisten wie Tolstoi, Gandhi und Martin Luther King u. a. maßgeblich war, nämlich die Religiosität, unberücksichtigt bleiben muss. Der Grund dafür ist einfach: Religiöse Überzeugungen können nur für diejenigen maßgeblich sein, die gläubig sind. Hier geht es aber um Fragen, deren Beantwortung für *uns alle* von Bedeutung ist. Wer etwa kein Christ ist, wird die Worte von Jesus aus der Bergpredigt nicht als verbindliches, göttliches Gebot für alle akzeptieren können.

Unstrittig ist, dass sowohl öffentliche als auch private Diskussionen über Krieg und Frieden so gut wie immer mit moralischen Urteilen einhergehen: Der russische Überfall auf die Ukraine empört viele nicht nur deswegen, weil er einen Verstoß gegen das Völkerrecht darstellt, sondern auch wegen der vielen Toten und Versehrten, der Zerstörung des Landes, und wegen des Versuchs, Menschen in ihrer Freiheit einzuschränken, indem man sie mit Gewalt unter seine Herrschaft zwingt. Was dort geschieht, wird als Übel angesehen. Weniger einhellig fällt die Reaktion aus, wenn danach gefragt wird, welche Maßnahmen zur Beseitigung des Übels moralisch gerechtfertigt sind: Darf, ja soll man dagegen mit militärischer Gegenwehr, die Gewalt gegen Menschen beinhaltet, angehen? Darf man Menschen zwingen, sich daran als Soldaten zu beteiligen? Wenn man dies darf: Worin bestehen Grenzen, die nicht überschritten werden dürfen, etwa, weil der Krieg in unkontrollierbarer Weise zu eskalieren droht? Darf oder soll man als nicht unmittelbar vom Krieg betroffenes Land der Ukraine militärische Hilfe leisten? Wenn dem so ist: Wie sollte unterstützt werden? Mit Waffenlieferungen? Der Sendung eigener Soldaten? Welche wäre eine unkontrollierbare, nicht zu tolerierende Eskalation? Wäre es bereits nicht mehr tolerabel, wenn sich der Krieg noch über mehr Jahre, ja Jahrzehnte hinziehen würde? Wie soll man ferner damit umgehen, dass sich die Wahrscheinlichkeit einer Eskalation nicht zureichend abschätzen lässt? Welches Gewicht hat die Möglichkeit eines Atomschlags? Wie solche Fragen im Einzelfall zu beantworten sind, hängt von der Ermittlung relevanter politischer Fakten und von Strategien zur Risikoabschätzung ab, zu denen Philosophen wenig beitragen können. Aber im Hintergrund stehen konfligierende Einschätzungen dezidiert moralischer Natur. Es geht darum, was moralisch gut oder schlecht, welches Handeln moralisch geboten, zulässig oder verboten ist. Auch wenn es kein kodifiziertes Völkerrecht geben würde, würden sich viele in diesen Debatten entsprechend entrüsten, bestimmte Reaktionen einfordern oder für unangemessen halten. Fragen dieser Art bilden den Kern ethischer Debatten, und die professionelle philosophische Ethik hat analytische und begriffliche Werkzeuge entwickelt, um sie angemessen zu diskutieren und zu beantworten.

Das bislang Gesagte spricht dafür, dass die Streitfragen ethisch beantwortet werden sollten. Doch bedeutet der Umstand, dass etwas in der breiten Öffentlichkeit als moralisches Problem angesehen wird, nicht zwangsläufig, dass es nach gründlicher Überlegung auch eines ist. War es früher üblich, verheerende Naturkatastrophen als Strafe Gottes für moralisch unbotmäßiges Verhalten anzusehen, so würde das heute kaum noch jemand tun. Angemessene Reaktionen auf solche Katastrophen bestehen heute in naturwissenschaftlichen Voraussagen und Erklärungen und durchorganisierten Gegenmaßnahmen und Hilfskampagnen. Könnte es daher entsprechend der Fall sein, dass die Streitfragen gar nicht in den Bereich der Moral fallen, sondern ausschließlich nach einer andersartigen, wissenschaftlich nüchternen Betrachtung der Fakten verlangen? Kriege würden demnach mehr oder weniger unweigerlich unter bestimmten Bedingungen zustande kommen, wären das Resultat grundlegender Züge der menschlichen Natur und sozialer Gesetzmäßigkeiten, die man zwar geschickt ausnutzen, aber nicht ändern kann. Die Frage, ob Kriege geführt werden dürfen oder nicht, wäre dann eine der politischen Klugheit, die nicht grundsätzlich verschieden von der Frage individueller Klugheit ist, ob man an einem kühlen Herbsttag das Haus ohne Schal und Mütze verlassen oder welche Versicherungen man abschließen sollte.

Diese Position zu Krieg und Frieden, ja zu allen Fragen, die das Verhältnis von Staaten betreffen, ist die des sogenannten *Realismus*. Folgt man ihm, dann geht es bei diesen Fragen im Wesentlichen um Interessenkonflikte, die man mehr oder weniger klug managen kann. Moral spielt demzufolge zwischen Staaten entweder keine oder bestenfalls am Rande eine Rolle. Das „Wesen" internationaler Politik sei ein „anarchischer Wettbewerb [...], in dem sich keine universalen sittlichen Normen durchsetzen können" (Zürn 2005, S. 825). Manchmal geht mit realistischen Überlegungen auch die These einher, dass für Krieg und Frieden oder internationale Angelegenheiten ganz andere moralische Prinzipien gelten sollen als für die von Individuen (vgl. z. B. von Treitschke 1897, § 3).

Der Realismus ist weit verbreitet. Bekannte Realisten waren bzw. sind z. B. der ehemalige US-Außenminister Henry Kissinger, der ehemalige Herausgeber der Wochenzeitung „Die Zeit" Josef Joffe und der im Zusammenhang mit TV-Debatten zum Ukraine-Krieg bekannt gewordene Politologe Carlo Masala. Theoretische Grundlegungen dieser Position finden sich bei Niebuhr (vgl. Niebuhr 1960) und Morgenthau (vgl. Morgenthau 1948). Historische Vorläufer kann man in Thukydides, Machiavelli und Hobbes sehen. Auch Clausewitz' erwähntes Diktum vom Krieg als „Fortsetzung der Politik mit anderen Mitteln" lässt sich, gleich, wie Clausewitz dies selbst verstanden wissen wollte, als Ausdruck der realistischen Grundhaltung lesen. Nicht selten behaupten Realisten, dass es bei staatlichen Konflikten nicht um Werte geht, sondern bloß um widerstreitende Interessen, und dass die Rede von Werten oder einer „wertegeleiteten Außenpolitik" naiv oder sogar verlogen ist. Eine ethische Diskussion der Frage, ob man unter bestimmten Bedingungen Kriege führen darf oder gar muss, kann die Theorie des Realismus nicht völlig ignorieren.

Folgt man dem Realismus, dann sind moralische Bewertungen angesichts von Kriegen wie dem in der Ukraine fehlgeleitet, da diese gar nicht nach den dabei vorausgesetzten Maßstäben zu beurteilen sind. Begründet wird diese These u. a. damit, dass bei Gruppen von Menschen, Gesellschaften und Staaten ganz andere, und zwar moralhinderliche Faktoren das Handeln steuern als bei einzelnen Menschen, deren Absichten und Handlungen durchaus moralisch bewertbar sein mögen (vgl. Niebuhr 1960) oder damit, dass der Glaube, internationale Konflikte sollten sich an moralischen Vorgaben und Zielen orientieren, in der Regel verhängnisvoll ist, weil die realen Mechanismen, die dem Geschehen zugrunde liegen, gerade deshalb nicht durchschaut werden (vgl. Morgenthau 1948).

Im Hintergrund realistischer Annahmen stehen oft Thesen darüber, was für eine stabile internationale Ordnung maßgeblich ist und wie sich Staaten, die nur bestimmte, als Eigeninteressen definierte Ziele verfolgen, angesichts von anderen Staaten, die ebenfalls nur dieser Orientierung folgen, am besten verhalten sollten. Es geht dabei um Fragen wie die, ob es zwischen Staaten ein stabiles Gleichgewicht der Kräfte geben und wie dies erhalten werden kann, oder ob Staaten wie die USA den Status einer Supermacht anstreben sollten; auch geht es darum, welche geopolitischen Interessen Staaten welcher Größenordnung in der Regel verfolgen werden und im wohlverstandenen Eigeninteresse verfolgen sollten. Diese Fragen sind Gegenstand kontroverser Debatten in der Politikwissenschaft und können in einer philosophischen Abhandlung nicht beantwortet werden. Wir wollen es bei zwei kurzen kritischen Feststellungen belassen: Erstens ist es eine Sache, zu sagen, dass sich für Gruppen und Staaten angesichts moralischer Anforderungen andere Probleme stellen als für Individuen, eine ganz andere aber, wie etwa Niebuhr diese Probleme für Gruppen und Staaten mehr oder weniger für unüberwindlich zu halten, weil Machtausübung und der Mangel an übergeordneten unparteilichen Institutionen stets dafür sorgen werden, dass der moralische Standpunkt zu kurz kommt. Zweitens ist es eine Sache, einzuräumen, dass edle Absichten und bester moralischer Wille manchmal fatale Folgen haben können, eine ganz andere aber, wie Morgenthau davon auszugehen, dass dies in internationalen Angelegenheiten mehr oder weniger unweigerlich der Fall sein muss. Beide Annahmen scheinen nur dann plausibel zu sein, wenn man sehr starke und unseres Erachtens fragwürdige, letztlich metaphysische Annahmen über eine unveränderliche Natur des Menschen voraussetzt. Platzmangel erlaubt uns leider keine eingehende Diskussion des Realismus (vgl. hierzu Hinsch 2017, S. 150–157; Holmes 1989, Kap. 2; Walzer 2006, Kap. 1).

Welche ethischen Optionen müssen eingehender diskutiert werden, wenn einem nicht einleuchten will, wie im Realismus die Relevanz ethischer Fragen negiert wird? Im Prinzip bleiben drei Optionen, von denen nur zwei für die heutige Debatte taugen, nämlich der Pazifismus mit seinen Spielarten und die *Lehre vom gerechten Krieg*. Diese wird in unserem Buch eine wichtige Rolle spielen. Wir kürzen Sie künftig mit LgK ab. Sie besagt grob, dass Kriege aus moralischen Gründen unter sehr eng begrenzten Bedingungen geführt werden dürfen, vielleicht sogar geführt werden sollen. Dies wird als das *ius ad bellum* (Recht zum Krieg) bezeichnet. Ferner stellt die LgK Regeln darüber auf, wie ein Krieg geführt werden darf. Dies ist das *ius in bello* (Recht im Krieg). Demzufolge ist in einem moralisch vertretbaren

Krieg noch lange nicht jedes Mittel moralisch zulässig. Die LgK erlaubt es unter bestimmten Umständen, dass man sich gegen militärische Angriffe auch militärisch im Rahmen bestimmter Grenzen verteidigt sowie, dass man anderen kriegerisch zur Hilfe kommen darf oder gar muss, um etwa einen Völkermord zu verhindern. Ebenso wird mit ihr bestimmt, wie ein Krieg zu beenden ist und wie Nachkriegsordnungen beschaffen sein müssen. Dies gilt als das *ius post bellum* (Recht nach dem Krieg).

Die dritte Option, die heute vernachlässigt werden darf, der *Bellizismus*, verneint die bereits als selbstverständlich angenommene These, dass der Krieg ein möglichst zu vermeidendes Übel ist. Im Gegenteil: Er wird als etwas moralisch Gutes angesehen. Er ermögliche es nämlich erst, dass sich als wertvoll angesehene Tugenden wie Mut voll entfalten können. Er erlaube es zudem, dass jene, die diese Tugenden besitzen und ausüben, sich durch einen militärischen Sieg nehmen können, was ihnen moralisch gebühre. Solch ein Blick auf den Krieg mag sich in antiken und mittelalterlichen Epen, sogar noch in manch glorifizierender Darstellung von Soldatentum in den beiden Weltkriegen finden lassen, hat aber mit der Realität moderner Kriege wenig zu tun, die allein deshalb wenig mit Ritterturnieren und dergleichen gemein haben, weil sie eine weitgehend wehrlose Zivilbevölkerung massiv betreffen. Als Varianten der dritten Option wird man auch Positionen ansehen dürfen, die den Krieg nicht nur als Werkzeug feiern, das angeblich moralisch marode Ordnungen zum Einsturz bringen und durch vorgeblich bessere ersetzen kann, sondern sogar als Selbstzweck (so Nietzsche 1980, S. 312: „[E]uren Krieg sollt ihr führen […] Ihr sollt den Frieden lieben als Mittel zu neuen Kriegen. […] Ihr sagt, die gute Sache sei es, die sogar den Krieg heilige? Ich sage euch: der gute Krieg ist es, der jede Sache heiligt.“). Das ist unseres Erachtens ethisch nicht überzeugend. Als Kandidaten bleiben dann der Pazifismus und die LgK übrig.

Auf den folgenden Seiten werden wir angesichts der übriggebliebenen ethischen Optionen, Pazifismus und LgK, drei Thesen vertreten und begründen. Sie laufen darauf hinaus, dass der Pazifismus keinen Ausweg in einer Welt voller Kriege darstellt.

1. These: Gängige philosophische Argumente für den Pazifismus vermögen nicht zu überzeugen. Angesichts dessen liegt es nahe, die LgK als vorzugswürdig anzusehen (Kap. 4 und 6).
2. These: Viele Spielarten des Pazifismus, die in der deutschsprachigen Debatte der letzten Jahre vorgeschlagen worden sind, entsprechen am Ende eher der LgK und können als deren Spielarten angesehen werden. Der Pazifismus wird somit seltener vertreten, als es den Anschein hat (Kap. 5).
3. These: Eine plausible Version der LgK erfordert ziemlich restriktive Einschränkungen und Vorgaben, unter welchen Bedingungen und in welcher Form der Rückgriff auf militärische Mittel moralisch zulässig ist. Für deren Formulierung erweisen sich einige Grundüberlegungen des Pazifismus als hilfreich (Kap. 6).

Bevor wir diese Thesen verteidigen können, werden wir Vorarbeiten zu leisten haben. Zunächst werden wir Genaueres zu den Begriffen des Krieges und des Friedens sagen müssen. Dann werden wir kurz in eine wichtige Grundunterscheidung der normativen Ethik einführen, die zwischen Deontologie und Konsequentialismus, weil sie in der Auseinandersetzung zwischen Pazifisten und Vertretern der LgK eine wichtige Rolle spielt (Kap. 2). Danach werden wir uns ausführlich damit beschäftigen, was unter Pazifismus und unter seinem unseres Erachtens aussichtsreichsten Gegenspieler, der LgK, zu verstehen ist (Kap. 3).

Arbeitsteilig hat Alexander Staudacher insbesondere die Passagen über den Pazifismus und dessen allgemeiner Kritik, Christoph Sebastian Widdau insbesondere diejenigen über die LgK und die spezielle Kritik an vermeintlichen Spielarten des Pazifismus in der deutschen Debatte vorbereitet. Selbstverständlich gilt, dass wir für alles gemeinsam verantwortlich zeichnen. Wir danken Thomas Grundmann und dem Beirat von *#philosophieorientiert* für die Aufnahme unseres Buches in der Reihe. Wir danken Franziska Remeika vom Verlag für die umsichtige Betreuung. Zuletzt danken wir Philipp Gisbertz-Astolfi für die kritische und konstruktive Begutachtung.

2

Wichtige Vorarbeiten

Bevor wir in den folgenden Kapiteln den Pazifismus eingehender darstellen, kritisieren und prüfen können, ob ihm oder der LgK der Vorzug zu geben ist, müssen noch einige wichtige Vorarbeiten geleistet werden. Weil es um Krieg und Frieden geht, muss zunächst bestimmt werden, was darunter zu verstehen ist. Dann werden wir die in der Ethik zentrale Unterscheidung zwischen deontologischen und konsequentialistischen Positionen einführen. In Anbetracht dieser Unterscheidung lassen sich der Pazifismus und die LgK besser einordnen und bewerten: Mit ihr lässt sich genauer verstehen, wie Pazifisten und Vertreter der Lehre vom gerechten Krieg ethisch argumentieren.

A. Staudacher, C. S. Widdau, *Pazifismus – Ausweg in einer Welt voller Kriege?*, #philosophieorientiert,
https://doi.org/10.1007/978-3-662-72847-5_2

2.1 Krieg und Frieden

Eingangs bestimmten wir Krieg als bewaffnete „organisierte Gewaltanwendung größeren Umfangs“ (Rudolf 2005b, S. 493) zwischen Gruppen von Menschen oder Staaten (ganz ähnlich auch Fiala 2023a, S. 6). Kriege sind demzufolge von anderen gewalttätigen Auseinandersetzungen mit Waffen wie einem spontanen Aufruhr mit Macheten und einem Duell mit Pistolen zu unterscheiden. Die Bestimmung ist aber weit genug, um auch innerstaatliche gewalttätige Auseinandersetzungen wie Bürgerkriege zu erfassen. Sie lässt allerdings offen, wie viele Menschen dabei involviert sein müssen und zusammen eine Gruppe bilden. Offen bleibt auch, um welche Arten von Gruppen es sich handeln muss, ob man also auch angesichts von Bandenkriegen zurecht von „Krieg“ sprechen kann. Für Spielarten des Pazifismus, die jegliche Form von Gewaltanwendung ablehnen, dürfte diese Frage belanglos sein. Für „relative“ Pazifisten (s. dazu Abschn. 3.2), die sich in erster Linie gegen moderne Kriege wegen ihrer fatalen Auswirkungen auf Zivilisten wenden, werden solche Konflikte nur insofern in den Fokus geraten, als sie auch mit solchen Folgen einhergehen. Vertreter der LgK hingegen, die davon ausgehen, dass Staaten unter bestimmten Bedingungen sowie bestimmte bedrohte oder entrechtete Gruppen innerhalb eines Staates ein moralisches Recht zur gewalttätigen Selbstverteidigung haben können (s. dazu Abschn. 3.3 und Kap. 6), werden solch ein Recht kaum einer mafiösen Bande zusprechen wollen. Für Vertreter solch einer Position spricht demnach Vieles dafür, den relevanten Begriff des Krieges auf gewalttätige Konflikte entsprechend einzuschränken. Eine nahe liegende Möglichkeit besteht darin, als „Krieg“ nur solche gewalttätigen Auseinandersetzungen gelten zu lassen, bei denen es mindestens mittelbar um bestimmte politische Ziele geht (vgl. dazu Gisbertz-Astolfi

2024, Kap. 1. und 2025a). Fasst man den Begriff des Krieges in dieser Weise, ergibt sich, dass Pazifisten – je nach Spielart – außer Kriegen zusätzlich noch gewalttätige Auseinandersetzungen ablehnen, die nicht darunterfallen.

Interessant ist auch die Frage, ob die genannten Begriffsbestimmungen nicht in mancher Hinsicht zu eng gefasst sind, da sie bestimmte Handlungsweisen, die heute in den Medien als „hybride" Kriegsführung bezeichnet werden, offenbar nur berücksichtigen können, wenn man Begriffe wie „Gewaltanwendung größeren Umfangs" oder „Bewaffnung" entsprechend weit fasst oder sogar eindeutig überdehnt. Zu nennen wären hier etwa das Durchschneiden von Unterseekabeln oder das Implementieren von Computerviren in staatlichem Auftrag, die immerhin eine Sachbeschädigung und eine Art von Gewaltanwendung darstellen, aber auch der Einsatz von Drohnen zur Störung der zivilen Luftfahrt sowie schließlich das Austesten militärischer Abwehrfähigkeiten durch kurzfristiges und unangekündigtes Eindringen in den Luftraum eines Landes. Zu fragen wäre auch, ob man systematische Desinformationskampagnen über die sozialen Medien dazu zählen kann.

Fasst man jede Form von organisierter Sachbeschädigung größeren Umfangs als eine Form von Gewaltanwendung oder, wenn dabei (ggf. politisch motiviert) Waffen zum Einsatz kommen, sogar als Kriegsführung auf, dann wäre die Konsequenz, dass die Möglichkeiten, die im Rahmen des Pazifismus zum gewaltfreien Widerstand bestehen, im Vorhinein arg eingeschränkt sind: Aus absolut pazifistischer Perspektive wären dann schon organisierte Sabotageakte zur Abwehr eines Gegners, bei denen unbemannte Panzer mittels solcher Methoden dauerhaft fahruntauglich gemacht werden, als Akte kriegerischer Gewaltausübung untersagt. Im Grunde würde es dann schon ausreichen, mit einer Schrotflinte ein Loch in den Tank des Panzers zu schießen, um „bewaffnete Gewalt" auszuüben. Wie wir später sehen werden, halten pazifistische Positionen wie die von Tolstoi ein Ideal der Gewaltlosigkeit und des Verzichts auf Gegenwehr hoch, das mit solch einem Verbot durchaus im Einklang zu sein scheint. Und auch wenn man sich Gandhis Gründe und Motive für die von ihm propagierten Formen von gewaltlosem Widerstand ansieht, spricht einiges dafür, dass solche Formen der Gegenwehr damit nicht verträglich sind (s. Abschn. 4.2). Was auch immer für Ideale von Gewaltlosigkeit pazifistisch hochgehalten werden, so scheint uns ein Begriff von Pazifismus, der einen zwingend auf diese Ideale festlegt, jedoch zu eng zu sein. Sabotageakte gegen unbemannte Panzer scheinen uns damit verträglich, dass man sich ohne Wenn und Aber zu all den sechs in der Einleitung genannten pazifistischen Forderungen bekennt.

Kurzum: Wir wollen hier unter den für Krieg typischen Formen von Gewaltanwendung nur die verstehen, die den aktiven Einsatz von Waffen, und sei es bloß zur Selbstverteidigung oder als Akt der Hilfeleistung, gegen Menschen und ihre Lebensgrundlagen beinhalten. Unter „Lebensgrundlagen" fassen wir ihre Wohnstätten, landwirtschaftlichen Nutzflächen, zentralen Infrastruktursysteme, Wirtschaftsgüter und Industrie sowie identitätsstiftenden Kulturgüter wie Museen, Kirchen und andere religiöse Kultstätten. Wer unbemannte Panzer oder Kampfbomber nicht nur mit einem Schraubenschlüssel, sondern mithilfe von Waffen in einem Akt der Selbstverteidigung kampfunfähig macht, begeht hingegen keinen kriegerischen Gewaltakt von der Art, den Pazifisten – mit wenigen Ausnahmen – ablehnen.

Mindestens drei Fragen scheint die Bestimmung von Kriegen als (ggf. politisch motivierte) bewaffnete, organisierte Gewaltanwendung größeren Umfangs zwischen Gruppen von Menschen oder Staaten noch offenzulassen:

Muss ein Krieg erklärt werden, um überhaupt als Krieg zu zählen?

Für die ethische Diskussion, die der Pazifismus aufwirft, kommt es vor allem auf die erwähnten gewalttätigen Handlungsweisen an, zu denen es natürlich auch ohne Kriegserklärung kommen kann. Dabei kann sich die Seite, die sich eines überraschenden militärischen Überfalls schuldig gemacht hat, sogar weigern, überhaupt von einem „Krieg" zu sprechen und stattdessen nur von einer „militärischen Spezialoperation" oder dergleichen reden wollen. Ein unerklärter Krieg mag neben seiner Verletzung von Prinzipien des Kriegsrechts sogar als moralisch besonders verwerflich, da gewissermaßen heimtückisch, gelten – hier kommt es aber vor allem darauf an, ob Krieg im Allgemeinen, also auch dann, wenn er nach allen Regeln der Kunst erklärt worden sein mag, moralisch zulässig ist. Zudem ist fraglich, ob alle in dieser Weise erklärten Kriege die Merkmale aufweisen, die für die ethische Debatte um den Pazifismus von Bedeutung sind: Nach dem Überfall des Deutschen Reiches auf Polen im September 1939 erklärten Frankreich und England gemäß ihren Bündnisverpflichtungen gegenüber Polen dem Reich den Krieg, ohne dass es deshalb in den Folgemonaten zu nennenswerten militärischen Auseinandersetzungen gekommen wäre. Entsprechend wurde vom „Sitzkrieg" (engl. *phoney war*: „unechter Krieg", frz. *drôle de guerre*: „komischer Krieg") gesprochen. Kurz, es kam dabei an der Westfront kaum zu der Art von Gewaltanwendung, die der Pazifismus für moralisch unvertretbar hält, obwohl es einen erklärten Krieg gab. Die Kriegserklärung ist also keine notwendige Voraussetzung, um einen Krieg zu einem Krieg zu machen, und eine solche Erklärung allein macht noch keinen Konflikt zu einem Krieg in dem Sinne, der im Fokus der pazifistischen Kritik steht.

Sind Kriege durch einen bestimmten Zweck definiert?
Manche behaupten das. So hält Clausewitz in seiner „Definition" des „Krieges" fest, dass in ihm der Gegner zur Erfüllung des eigenen Willens gezwungen werden soll, und „sein *nächster* [= nächstliegender] Zweck ist, den Gegner *niederzuwerfen* und zu jedem ferneren Widerstand unfähig zu machen" (Clausewitz 2002 I, i § 2). Abgesehen davon, dass diese Bestimmung weitaus besser für militärische Angriffs- als für Verteidigungshandlungen zu passen scheint, spielt sie für unsere Zwecke ebenfalls keine Rolle (So hätte etwa die Ukraine im aktuellen Krieg mit Russland ihr Ziel schon erreicht, wenn der Gegner den Rückzug antritt und die Bombardements beendet). Für die ethische Position ist sie ohne Belang. Aus pazifistischer Sicht wie auch aus der der LgK wäre natürlich auch ein Krieg moralisch unzulässig, der von einem Nero nur aus einer irrwitzigen Laune heraus zum bloßen Zeitvertreib vom Zaun gebrochen wird. Allerdings kann man, wie erwähnt, die These vertreten, dass Kriege im relevanten Sinne, anders als „Bandenkriege", mit politischen Zielsetzungen einhergehen müssen.

Ist eine einseitige militärische Aggression ein Kriegsbeginn?
Einen weiteren Aspekt, der für die Bestimmung dessen, was ein Krieg ist, wichtig sein könnte, bringt Robert Holmes (vgl. Holmes 2017) ins Spiel. Er vertritt die Auffassung, dass zu einem Krieg ähnlich wie zu einem Duell oder Boxkampf mindestens zwei Parteien gehören. Eine einseitige konkrete militärische Aggression stellt für sich allein betrachtet, nach seiner Auffassung, keinen Kriegsbeginn dar. Dazu kommt es erst, wenn die Gegenseite mit militärischer Gewalt antwortet. Dieser Auffassung, auf die wir in Abschn. 4.3 erneut eingehen werden, wollen wir uns nicht anschließen. Niemand kann dann als erster einen Krieg im buchstäblichen Sinn beginnen. Die begangene Aggression

wird erst durch die entsprechende Reaktion der Gegenseite zum Krieg. Wie Holmes selbst festhält, klingt die unweigerliche Konsequenz daraus paradox: Nicht die Seite, die die militärische Aggression startet, beginnt den Krieg, sondern die Seite, die darauf mit Abwehrmaßnahmen reagiert (vgl. Holmes 2017, S. 19). Wir sehen keinen guten Grund, uns auf diese paradoxe Konsequenz einzulassen. Mehr ist für den Augenblick zum Begriff des Krieges nicht zu sagen.

Der Begriff des Friedens

Wer Krieg ablehnt oder vermeiden will, möchte Frieden. Aber was ist darunter zu verstehen? Unter Frieden im engen Sinn oder unter „negativem Frieden" (Galtung 1977, S. 32) wird oft die Abwesenheit militärischer Konflikte bzw. gewalttätiger Auseinandersetzungen zwischen Staaten oder entsprechenden Gruppen im bereits erläuterten Sinn verstanden. Solch ein Frieden muss allerdings nicht sonderlich stabil sein, wenn er etwa nur durch militärische Abschreckung, die ja auch versagen kann, aufrechterhalten wird (vgl. Rudolf 2005a, S. 265). Daher streben Pazifisten einen entsprechend nachhaltigeren Zustand, einen „stabilen Frieden" an, letztlich den Endzweck eines dauerhaften, ja ewigen Friedens.

Unter „Frieden" wurde bis zur Neuzeit zum Teil weitaus mehr verstanden, nämlich ein innerstaatlicher Zustand, der durch eine gerechte Ordnung gekennzeichnet ist (vgl. ebd.). Auch in neuerer Zeit wurde unter dem Begriff weitaus mehr gefasst als die bloße Abwesenheit von Gewalt und militärischer Auseinandersetzung. So charakterisiert Johan Galtung den „positiven Frieden" als Zustand, in dem keine „strukturelle Gewalt" vorkommt. Diese soll einen Mangel an sozialer Gerechtigkeit (vgl. Galtung 1977, S. 33) bzw. eine ungleiche Machtverteilung (vgl. ebd., S. 19) bezeichnen. Entsprechend wäre eine Feudalgesellschaft mit den für sie typischen Abhängigkeits- und Unterordnungsbeziehungen bzw. der Unterdrückung weiter Bevölkerungsteile durch strukturelle Gewalt gekennzeichnet und nicht „positiv friedlich“.

Ein „erweiterter Begriff von Frieden“ (ebd., S. 32) wäre durch zwei Aspekte gekennzeichnet: einmal durch den des negativen Friedens, zum anderen den des positiven. Es mag durchaus sein, dass sich ein dauerhafter negativer Frieden nur erreichen lässt, wenn auch ein positiver herrscht. Es spricht vermutlich viel dafür, dass letzterer die Stabilität des ersteren begünstigt, sodass Pazifisten stets auch den positiven Frieden, allerdings nur ohne militärische Waffengewalt, anstreben sollten. Da es in unserem Buch jedoch vornehmlich darauf ankommt, ob sich pazifistische Argumente, die jeglichen Bruch des negativen Friedens verurteilen, ethisch verteidigen lassen, wird der Aspekt des positiven Friedens im weiteren Verlauf keine zentrale Rolle spielen.

2.2 Deontologie und Konsequentialismus

Eine ethische Diskussion des Pazifismus und der LgK dreht sich um die folgenden Fragen: Sind die Gebote und Verbote, die sich aus diesen Positionen ergeben (z. B. das Gebot „Setze niemals militärische Mittel gegen Menschen und ihre Lebensgrundlagen ein!“) ethisch haltbar? Woran soll man sich orientieren, wenn man entscheiden will, ob und aus welchen Gründen moralische Werturteile wie „Der Frieden ist der höchste Wert im menschlichen Zusammenleben“ oder „Ein Leben in Unfreiheit ist nicht wert, geführt zu werden“ plausibel sind? Was darf man von Menschen in moralischer Hinsicht fordern (z. B. „Du solltest lieber bereit sein, das eigene Leben zu opfern, als es mit Gewalt zu verteidigen“)? Diese Fragen führen zu allgemeineren:

- Woran soll man überhaupt festmachen, dass etwas moralisch gut (bzw. schlecht) oder geboten (bzw. verboten oder erlaubt) ist, und was ist eigentlich der Gegenstand der moralischen Beurteilung?
- Handelt es sich dabei um bestimmte Merkmale unserer Handlungen selbst (und wenn ja, welche) oder um deren absehbare oder tatsächlich eingetretene Konsequenzen?

Antworten auf diese Fragen helfen zu klären, warum eine bestimmte Handlung (oder eine Handlungsweise, also alle Handlungen einer bestimmten Art) moralisch geboten, verboten oder bloß erlaubt ist. Allerdings ist in der professionellen Ethik völlig unterschiedlich beantwortet worden, ob bei moralischen Bewertungen und Begründungen vor allem jene Konsequenzen zählen sollen, die sich im weiteren Verlauf der Ereignisse aus der Handlung ergeben können und die nicht schon zu ihren definierenden Merkmalen gehören (sodass man z. B. überhaupt von „Töten" sprechen kann), oder ob es in erster Linie auf Merkmale der Handlung selbst ankommt. Diese Antworten werden ganz grob danach klassifiziert, ob sie einer deontologischen oder einer konsequentialistischen Moraltheorie folgen. Die zugehörige Fachdebatte zu diesem begrifflichen Gegensatzpaar ist komplex. So ist etwa nicht ganz klar, ob sich jede ethische Konzeption mittels dieser Begriffe eindeutig zuordnen lässt bzw. ob diese Unterscheidung am Ende wirklich trennscharf ist (vgl. Birnbacher 2013, Kap. 4 und 5; Werner 2006, S. 122–123). Da es uns mit dem Thema „Pazifismus" um einen spezifischen Teilbereich der angewandten Ethik geht, können und müssen wir uns hier nicht mit grundsätzlichen Klassifikationen der Ethik im Allgemeinen und mit all ihren Schwierigkeiten auseinandersetzen. Die Unterscheidung soll hier nur insoweit aufgegriffen und erläutert werden, als dies für unsere Zwecke dienlich ist.

Handlungen und ihre Folgen

Grob gesprochen gehen deontologische Theorien davon aus, dass es bei der moralischen Bewertung von Handlungen *nicht nur* auf die Folgen, *sondern auch* auf Merkmale der Handlung selbst ankommt, während konsequentialistische Theorien *nur* auf die (absehbaren und wahrscheinlichen) Folgen abheben (vgl. Birnbacher 2013, S. 118; Frankena 1975, S. 33). Bei moralischen Urteilen im Alltag spielen deontologische und konsequentialistische Begründungsweisen häufig, z. B. in der Erziehung, eine zentrale Rolle (vgl. Birnbacher 2013, S. 114–115): So begründet man seinen Kindern gegenüber das Verbot zu Lügen deontologisch, wenn man ihnen beibringt, dass Lügen nicht einfach deshalb moralisch schlecht ist, weil die Belogenen dadurch einen materiellen Schaden erleiden oder sich schlecht behandelt fühlen und weil durch häufiges Lügen wechselseitiges Vertrauen mit all seinen offensichtlichen Vorteilen unterminiert wird. Lügen ist demnach auch ganz unabhängig von solchen negativen Folgen etwas moralisch Schlechtes, das man folglich nicht tun darf. Wenn eine Lüge solche schlechten Konsequenzen hat, ist sie folglich nicht allein deshalb im moralischen Sinne schlecht. Und eine Lüge bleibt demnach auch dann moralisch schlecht, wenn die belogene Person weder materiell geschädigt wird noch sich schlecht behandelt fühlt und faktisch keine Auswirkungen auf das wechselseitige Vertrauen zu beobachten sind. Wer hingegen ausschließlich auf die genannten Folgen abhebt, argumentiert konsequentialistisch. Wer davon ausgeht, dass man einen Menschen niemals foltern darf, und zwar auch dann nicht, wenn sich durch ein durch Folter erlangtes Geständnis zahlreiche Menschenleben aus einer sonst unabwendbaren Gefahr retten lassen sollten, argumentiert deontologisch. Die zugrunde liegende Vorstellung ist, dass es moralische Prinzipien oder grundlegende Menschenrechte gibt, die bestimmte Formen der Behandlung von Menschen grundsätzlich ausschließen, die man nicht einfach mit Blick auf wünschenswerte Folgen zur Disposition stellen darf. Moralisch richtig verhält sich, wer bestimmte Dinge tut oder lässt, weil sie im Einklang mit diesen Normen stehen oder diese Rechte respektieren (vgl. Alexander und Moore 2024, § 2). Was das im Detail genau heißen kann, ist Gegenstand von Debatten, die hier nicht nachgezeichnet werden können und müssen. Deontologisch motiviert wäre auch die noch weitergehende Einschätzung, wonach sich schon der bloße Gedanke, ob man hier entsprechend abwägen darf oder nicht, aus moralischen Gründen verbietet. Wer hingegen nur auf diese Konsequenzen abhebt und das Foltern daher in dieser Situation ggf. sogar für eindeutig geboten hält, argumentiert konsequentialistisch. Dass hier überhaupt die Frage der Abwägung aufgeworfen wird, hat gemäß dieser Sichtweise nichts moralisch Anrüchiges. Im Gegenteil, es wäre Ausdruck des ernsthaften Bemühens, das ethisch gebotene Handeln für diese Situation zu ermitteln.

Anwendung der Unterscheidung auf unsere Thematik
Es ist nicht schwer zu sehen, welche Rolle deontologische und konsequentialistische Argumentationsmuster in philosophischen Debatten um den Pazifismus und die LgK spielen können: Krieg geht für einen erheblichen Teil der von ihm Betroffenen (Zivilisten und Soldaten) mit Tod und massivem Leid einher (Verletzungen, Verstümmelungen, Vergewaltigungen, manchmal sogar Versklavung, Verlust der Lebensgrundlagen, psychische Traumatisierungen). Stellt man das zu erwartende Ausmaß von all diesem Leid in Rechnung, sind die Konsequenzen in vielen, ja vielleicht sogar in allen aktuell denkbaren Fällen schlimmer, als wenn man den Krieg unter allen Umständen, und zwar koste es,

was es wolle, vermeiden will. Am Ende wäre es demnach, von den *Konsequenzen* her betrachtet, sogar noch besser, sich unterwerfen zu lassen, als sich am Krieg durch militärische Verteidigung zu beteiligen, weil dann selbst bei einem harten Schicksal oft mehr überleben werden als im Krieg und immer noch die Hoffnung besteht, dass sich das Leben bessern wird. So könnte eine *konsequentialistische* Verteidigung des Pazifismus ihren Anfang nehmen. Eine *deontologische* Verteidigung des Pazifismus könnte hingegen nicht nur auf die leidvollen Konsequenzen von Kriegen abheben, sondern ggf. sogar nur darauf, dass das menschliche Leben moralisch unantastbar ist bzw. dass es stets einen inakzeptablen moralischen Regelverstoß darstellt, einen Menschen zu töten, selbst wenn es sich dabei um einen böswilligen Angreifer handeln sollte.

Eine *deontologische* Verteidigung der LgK könnte zunächst darauf hinweisen, dass militärische Angriffe und Überfälle, die Zerstörung von Lebensgrundlagen, Unterwerfung, Vertreibung und Versklavung massive Verstöße gegen moralische Prinzipien und Rechte darstellen, denen man sich, wenn es denn nicht anders geht, auch mit militärischer Gewalt entgegenstellen darf, und zwar auch dann, wenn unsicher ist, wie die Sache von den Konsequenzen her ausgeht. Selbst wenn die militärische Gegenwehr in einer Niederlage endet, wie etwa der Widerstand der indigenen Völker Nordamerikas gegen britische oder US-Truppen, kann man in der Rückschau immer noch zu dem Ergebnis kommen, dass die Gegenwehr moralisch berechtigt war. Der Fokus auf Rechte im Gegensatz zum undifferenzierten Blick auf das Ausmaß an großem menschlichen Leid, das Krieg bedeutet, kann dabei der Überlegung Rechnung tragen, dass nicht jedes Leid in moralischen Bewertungen gleich viel zählt; es macht demnach einen Unterschied, ob unschuldige Zivilisten bei einem Bombenangriff verletzt werden oder ob sich ein Angreifer, der aus freien Stücken handelt, durch ungeschickten Einsatz seiner Waffe selbst verletzt, was ebenfalls nachhaltiges Leiden für ihn zur Folge haben kann. Eine *konsequentialistische* Verteidigung der LgK könnte u. a. auf die Folgen abheben, die sich leicht ergeben können, wenn man Aggressoren ohne militärische Gegenwehr gewähren lässt, indem so zu weiterer Aggression eingeladen wird. Es geht in diesem Abschnitt nicht um die Überzeugungskraft solcher Überlegungen, sondern nur darum, erst einmal deutlich zu machen, welche Rolle deontologische und konsequentialistische Überlegungen in der Debatte spielen bzw. spielen können.

Zu unserem weiteren Vorgehen

Eine Möglichkeit, in dieser Debatte Position zu beziehen, könnte darin bestehen, zunächst grundsätzlich der Frage nachzugehen, ob eine plausible Ethik und ihre konkreten Rechtfertigungsstrategien deontologisch oder konsequentialistisch sein sollten, um dieses Ergebnis dann auf die Debatte über den Pazifismus und die LgK anzuwenden. Wir wollen jedoch anders vorgehen. Erstens können wir im Rahmen dieser Abhandlung keine Grundlagenfragen der Ethik im Allgemeinen beantworten, da wir dazu Literatur eingehend diskutieren müssten, die mit der Debatte über den Pazifismus nichts zu tun hat. Zudem werden wir zu dem Ergebnis kommen, dass sich pazifistische Argumente sowohl aus deontologischer als auch aus konsequentialistischer Perspektive effektiv kritisieren lassen (s. Kap. 4). Das hat aus unserer Sicht erst einmal den Vorteil, dass wir darauf hoffen können, mit unserer Argumentation Anhänger beider Richtungen zu überzeugen.

Wie positionieren sich prägende Beiträge in der Debatte?

Viele stützen sich sowohl auf konsequentialistische als auch auf deontologische Überlegungen (vgl. z. B. die Debatte zwischen Fiala und Kling: Fiala 2023a, S. 18–26; Kling

2023, S. 76–79). Holmes, ein wichtiger Vertreter des Pazifismus, stuft die LgK als eine deontologische Konzeption mit konsequentialistischen Elementen ein (vgl. Holmes 2017, S. 95–96). Die aus seiner Sicht für die Einschätzung des Pazifismus zentrale Frage, nämlich die nach der „Förderung der höchsten menschlichen Güter", hält er für neutral hinsichtlich der Entscheidung, ob moralische Prinzipien deontologisch oder konsequentialistisch gerechtfertigt werden müssen (vgl. ebd., S. 26, eigene Übers., und die zugehörige Fn. 5). Allerdings lassen sich bei einigen Positionen Schwerpunkte erkennen: So ist der absolute Pazifismus eher von deontologischen Annahmen geprägt als der relative (zu dieser Terminologie s. die Erläuterung und Diskussion in Kap. 3). Und die LgK lässt durch ihre Orientierung an der Verteidigung bestimmter Rechte, denen auch ohne Blick auf die Konsequenzen dieser Verteidigung ein erhebliches Gewicht zukommt, standardmäßig eher eine deontologische Grundausrichtung erkennen (vgl. Kling 2023, S. 76–79).

Da aber deontologische Konzeptionen in der Regel (mit der Ausnahme von strikt deontologischen Positionen wie der von Kant) auch die Konsequenzen von Handlungen für relevant erachten, während konsequentialistische Theorien ausschließlich auf die Konsequenzen abheben, und da die hier betrachteten Theorien dies meist nicht tun, bietet es sich an, sie überwiegend als Spielarten einer deontologischen Konzeption anzusehen. Nichtsdestoweniger ist es natürlich wichtig, jeweils zu unterscheiden, an welcher Stelle jeweils auf Konsequenzen abgehoben wird und wo es um Prinzipien und Rechte geht, die erst einmal unabhängig von den Konsequenzen gelten sollen. Entsprechend werden wir Thesen und Argumente für oder gegen die jeweiligen Positionen gelegentlich als „deontologisch" oder „konsequentialistisch" bezeichnen.

Als nächstes wollen wir noch auf ein mögliches Missverständnis über deontologische Theorien und Begründungsstrategien aufmerksam machen: Der Umstand, dass auch dann an Prinzipien festgehalten wird, wenn die Konsequenzen moralisch fragwürdig erscheinen mögen, mag nahelegen, dass einen eine deontologische Ethik koste es, was es wolle, darauf festlegt, dass besagte Prinzipien niemals gegeneinander abgewogen werden dürfen. Diese Annahme ist jedoch gleich in doppelter Hinsicht unzutreffend: Erstens kann, wie oben ausgeführt, eine deontologische Position Konsequenzen durchaus berücksichtigen, was bei bestimmten Kollisionen mit Prinzipien dazu führen wird, dass das Prinzip auf Grund des gravierenden Charakters der Konsequenzen in bestimmten Fällen zurückstehen muss; zweitens kann sie natürlich von mehreren Prinzipien ausgehen, wobei dann im Fall der Prinzipienkollision eines dem anderen vorzuziehen ist (vgl. dazu Birnbacher 2013, S. 158–169). Deontologische Positionen unterscheiden sich von konsequentialistischen dadurch, dass sie nicht ausschließlich auf die (absehbaren) Konsequenzen mit den sich daraus ergebenden Abwägungen blicken. Das heißt aber natürlich nicht, dass Prinzipien gar nicht abgewogen werden dürfen.

Ein kurzer Kommentar zur Rede von „Gesinnungs- und Verantwortungsethik"

In diesem Zusammenhang lohnt es sich auch, einen kurzen Blick auf das gegensätzliche Begriffspaar „Gesinnungsethik" und „Verantwortungsethik" zu werfen, das in der Debatte um Pazifismus und Militäreinsätze sowie bei einigen der hier behandelten Autoren (vgl. Hinsch 2017, S. 102–113; Müller 2022, Kap. 2) eine Rolle spielt. Das Gegensatzpaar wurde in dieser Form von Max Weber geprägt (Weber 2004, S. 67–81). Der Begriff „Gesinnungsethik" taucht in der tagespolitischen Debatte vor allem dann auf, wenn es darum geht, eine pazifistische Haltung, die ohne jegliche Rücksicht jedwede Form von militärischem Einsatz, gleichviel, mit welchen Folgen dies einhergehen wird, als „naiv" zu diskreditieren (kürzlich z. B. Masala und Nassehi 2025). Weber selbst dachte bei Gesinnungsethik u. a. an die Bergpredigt mit ihrer Forderung, im Falle eines Angriffs sogar noch die „andere Wange hinzuhalten". Wie wir im nächsten Kapitel sehen werden, lässt sich solch eine Haltung bei Tolstoi finden, während Pazifisten wie Gandhi und King eher auf Formen des gewaltlosen Widerstandes setzen.

Müller fasst einen gesinnungsethischen Pazifismus als „maßlos und unverhältnismäßig" (Müller 2022, S. 26) auf, dem er seine eigene Position des „verantwortungsethischen" Pazifismus entgegensetzt (vgl. ebd., Kap. 2), die bei entsprechend schwerwiegenden Konsequenzen militärische Einsätze erlaubt (vgl. insbes. ebd., S. 26). Wir sind ebenfalls der Auffassung, dass man unter dem Titel „Pazifismus" nicht nur solch eine Position wie die von Tolstoi subsumieren kann (s. Kap. 3), werden aber später argumentieren, dass Müllers Position sich zu weit von einer Position entfernt, die man noch sinnvoll als „Pazifismus" bezeichnen kann und seine Auffassung daher eher als Version der LgK aufgefasst werden sollte (s. Abschn. 5.3). Im gegenwärtigen Kontext geht es uns allerdings nur darum, dass man deontologische Positionen nicht einfach mit „Gesinnungsethik" und konsequentialistische Positionen mit „Verantwortungsethik" identifizieren sollte (was – mit Einschränkungen – etwa Hinsch tut, vgl. Hinsch 2017). Der Grund besteht wiederum darin, dass deontologische Positionen Konsequenzen nicht aussparen müssen und dies in der Regel – von wenigen, freilich prominenten Ausnahmen wie der Kants abgesehen, die man als „strikt" deontologisch bezeichnen kann – auch nicht tun.

Leicht in die Irre führen kann die Rede von „Gesinnung“. Der Umstand, dass man ethische Prinzipien derart hochhält, dass keinerlei Umstände erlauben können, von ihnen abzuweichen, hat ja erst einmal nichts Spezifisches mit der Gesinnung derjenigen zu tun, die dies tun, sondern zeigt nur an, welchen *Stellenwert* sie diesen Prinzipien einräumen. Mit gleichem Recht könnte man sagen, dass die Bereitschaft zum beständigen Abwägen der Konsequenzen eben Ausdruck der Gesinnung derjenigen ist, die dies für richtig halten.

Die Rolle der Gesinnung und der Motive bei der moralischen Beurteilung von Handlungen

Der Blick auf die Gesinnung spielt eigentlich stets eine wichtige Rolle, wenn es darum geht, die Glaubwürdigkeit einer bestimmten Handlungsbegründung einzuschätzen, nämlich inwiefern die Handlung *wirklich* aus den ethischen Motiven vollzogen wird, die für ihre Begründung herangezogen werden. Dies lässt sich leicht nachvollziehen, wenn man an Fälle denkt, in denen Zweifel an der wahren Motivation einer bestimmten als moralisch ausgegebenen Haltung aufkommen: Nicht jede militärische Intervention, die mit Verweis darauf durchgeführt wird, dass man aus moralischen Gründen eingreifen muss, um massive Menschenrechtsverletzungen oder gar einen Genozid zu verhindern, wird tatsächlich aus diesem Grund vorgenommen. Der wahre Grund mag vielmehr sein, dass der intervenierende Staat sich durch die Intervention den Zugriff auf wertvolle Rohstoffe sichern will. Denkbar ist auch, dass beide Motive eine Rolle spielen, aber nur das moralische genannt wird. Es besteht natürlich auch die Möglichkeit, dass eine pazifistische Haltung angesichts eines bestimmten Konflikts als die moralisch gebotene Haltung hochgehalten und die militärische Unterstützung eines überfallenen Landes durch die eigene Regierung entsprechend als moralisch fragwürdig gebrandmarkt wird, obwohl es in Wahrheit darum geht, sich aus dem Konflikt herauszuhalten, weil man gerne weiter gute Geschäfte mit dem Aggressor machen will.

Was wir leisten wollen und was nicht

Wir wollen nicht bestreiten, dass bei moralischen Positionierungen von Staaten und Interessengruppen häufig ganz andere, deutlich weniger lautere Motive eine zentrale oder vielleicht sogar die ausschlaggebende Rolle spielen. Das sind Fragen, die jeweils im Einzelfall von Historikern und investigativen Journalisten geklärt werden müssen. Da wir hier an einer philosophisch-ethischen Diskussion interessiert sind, befassen wir uns nur mit der Frage, ob sich eine Spielart des Pazifismus aus rein moralischen Gesichtspunkten plausibel verteidigen lässt oder ob man sich nicht einer Version der LgK anschließen sollte. Wenn wir am Ende letzteres empfehlen, dann heißt das folglich nicht, dass wir damit automatisch das faktische Vorgehen von Staaten billigen und verteidigen, die ihr Handeln als moralisch gerechte Kriegsführung ausgeben. Entsprechend werden wir auch nicht dazu Stellung beziehen, wie das Verhalten der unterschiedlichen Parteien in Konflikten wie dem Kosovo-Krieg, dem Ukrainekrieg oder den Kriegen und militärischen Konflikten im Nahen Osten einzuschätzen ist. Wir hoffen allerdings, dass wir aus philosophischer Perspektive einen Beitrag zu sachlich angemessenen Einschätzungen dieser Konflikte leisten können – Einschätzungen, zu denen unsere Leserschaft am Ende selber gelangen muss.

3 Die Gegenspieler: Der Pazifismus und die Lehre vom gerechten Krieg

Wie aus unseren Ausführungen zuvor ja schon deutlich wurde, sehen wir in der LgK den ethisch relevanten Gegenspieler des Pazifismus. Zentrale Merkmale beider Positionen wurden bereits angesprochen. Jetzt wird es darum gehen, ein umfassenderes Bild von ihnen zu zeichnen. Dabei wird sich zeigen, dass sich zumindest bei einigen pazifistischen Positionen subtile Fragen aufwerfen lassen, ob und wie sie sich genau von der LgK unterscheiden lassen. Wir werden zunächst die Form von Pazifismus von anderen Formen abheben, die uns hier ausschließlich interessiert und die als „politischer Pazifismus" bezeichnet wird. Dann werden wir anhand einer Übersichtsgrafik klarmachen, welche Antworten es überhaupt auf die Frage danach gibt, ob der Einsatz militärischer Gewalt moralisch zulässig ist. In ihr werden u. a. Varianten von Pazifismus vorgestellt, bei denen sich die gerade angesprochene Frage stellt, ob und wie sie sich von der LgK unterscheiden lassen. Für die Antwort auf diese Frage ist ein genaueres Verständnis der

A. Staudacher, C. S. Widdau, *Pazifismus – Ausweg in einer Welt voller Kriege?*, #philosophieorientiert,
https://doi.org/10.1007/978-3-662-72847-5_3

LgK hilfreich. Mit diesen Unterscheidungen gerüstet, kann dann unsere Kritik am Pazifismus, unsere Diagnose, dass sich einige Positionen in der deutschen Debatte fälschlich selbst als Pazifismus einordnen, und schließlich unser Plädoyer dafür erfolgen, einer hinreichend anspruchsvollen Version der LgK den Vorzug zu geben.

3.1 Pazifismus als ethische Konzeption

Wie in der Einleitung angekündigt, wird der Pazifismus von uns als ethische Position erörtert werden. Somit geht es um die Frage, ob Krieg bzw. der Einsatz militärischer Mittel aus moralischen Gründen abzulehnen ist. Natürlich werden ethische Formen von Pazifismus nicht nur von professionellen Philosophen vertreten. Einige der prominentesten Bekenntnisse zu solch einer Form von Pazifismus stammen von Autoren wie Tolstoi, Gandhi oder Martin Luther King, die sich weder selbst als Philosophen verstanden haben noch so eingeordnet wurden. Man darf von diesen Autoren daher keine ausgearbeitete philosophische Theorie und auch nicht die Art von systematischer Kohärenz erwarten, wie sie in der akademischen Philosophie als Maßstab gilt. Zudem ist bei diesen Autoren die religiöse Fundierung ihrer Position unverkennbar (so etwa bei Gandhi 2011, Bd. 4, S. 298–300). Viele ihrer zentralen Thesen lassen sich aber auch unabhängig von dieser Fundierung diskutieren. Der Blick auf einige ihrer charakteristischen Aussagen lohnt sich schon deshalb, weil sie für die Debatte und das öffentliche Bild vom Pazifismus prägend waren und als wichtige Impulsgeber für bedeutsame philosophische Konzepte wie die von Holmes und Fiala gedient haben.

Es ist wichtig zu sehen, dass eine pazifistische Einstellung nicht immer ethisch motiviert sein muss. Man kann sich auch auf ganz andere Gründe berufen oder ganz anders motiviert sein. Religiöse Gründe wurden bereits genannt, womit natürlich nicht gesagt sein soll, dass für die großen Weltreligionen eine pazifistische Haltung allgemein anerkannt oder typisch ist. Man kann Krieg und den Einsatz militärischer Mittel aber auch ablehnen, weil man denkt, dass man mit dieser Ablehnung in vielerlei Hinsicht persönlich einfach besser fährt, ohne dass man das mit spezifisch moralischen Ansprüchen verbinden müsste.

Nicht wenige Menschen lehnen Krieg und den Einsatz militärischer Mittel schlicht aus Angst und Abscheu ab. Solch eine Haltung kann auch von moralischen Gesichtspunkten geleitet sein, muss es aber nicht. Bloße emotionale Reaktionen wie Angst oder Antipathie machen noch keinen moralischen Standpunkt aus, obwohl der Umstand, dass bestimmte Dinge solche Reaktionen auslösen, die Basis für ein ethisches Argument bilden können, dass man bestimmte Dinge tun oder lassen sollte. Aber das entsprechende Argument, demzufolge emotionale Reaktionen diesen Stellenwert haben, kann sich dann nicht einfach in diesen Reaktionen erschöpfen. So verbreitet solch eine rein gefühlsmäßige Einstellung auch sein mag, so wenig wird sie von uns weiter berücksichtigt, solange sie auf solche Gefühle beschränkt ist, da es hier nur um die Überzeugungskraft von Argumenten gehen soll.

Schon eher ethisch motiviert, aber auch noch nicht so, wie es uns interessiert, ist ein Bekenntnis zum Pazifismus, das rein persönlich bleibt, ohne damit Forderungen oder gar Verbote für andere zu verknüpfen. So bekennt etwa der Liedermacher Konstantin Wecker, der mit der Theologin Margot Käßmann in einer Publikation explizit für die Sache des Pazifismus geworben hat, in einem Interview: „Ich sage, dass ich gerne bereit bin, Hilfe zu leisten, aber es muss eine Hilfe ohne Waffen sein. Das ist mein ganz persönliches Credo, mein Pazifismus. Ich möchte soweit gehen, dass ich mich lieber töten lassen würde, als zu töten. Ich würde von anderen nicht verlangen, dass sie genauso handeln, aber ich habe mich entschieden. Dabei weiß ich noch nicht einmal, ob ich das wirklich durchhalten würde, wenn es soweit wäre […]“ (Wecker in Käßmann und Wecker 2015, S. 24). Ihm geht es also nicht um eine allgemein verbindliche Forderung, sondern nur um eine persönliche Haltung. Hier wird kein Verdikt dagegen ausgesprochen, Soldat zu werden oder als Politiker auf militärische Mittel zu setzen.

Sogar Gandhi, der ein Konzept des gewaltlosen Widerstands für Gruppen und Gesellschaften entwickelt und im Kampf gegen die britische Kolonialmacht in die Praxis umgesetzt hat, macht den Pazifismus gelegentlich zu einer Frage einer rein persönlichen Haltung, wenn er erklärt, dass er sich Anlässe vorstellen kann, „bei denen es meine Pflicht wäre, für die militärische Ausbildung derer zu stimmen, die das wünschen, auch wenn ich selbst nicht am Krieg teilnehme. Denn ich weiß, nicht alle Mitglieder der Gesellschaft glauben in dem Maße an Gewaltfreiheit wie ich“ (Gandhi 2011, Bd. 4, S. 358). Er geht sogar so weit, seine Parteinahme für die Briten im südafrikanischen Burenkrieg zu rechtfertigen: „[S]olange ich unter einem Regierungssystem lebte, das auf Macht gegründet war, und freiwillig an den vielen Annehmlichkeiten und Privilegien teilhatte, die es mir bot, war ich verpflichtet, dieser Regierung nach Kräften zu helfen, wenn sie einen Krieg führte […]“ (ebd., S. 357–358). Wie Gandhi zudem mehrfach betont, kommt es nicht nur darauf an, sich gewaltfrei zu verhalten: Gewaltlosigkeit aus Angst heraus, die er als feige ansieht, besitzt für ihn keinen moralischen Wert und sei daher moralisch geringer einzuschätzen als gewalttätiges Verhalten, wenn dieses nicht aus Feigheit geschieht (vgl. ebd., S. 116–117). Wer aus Mangel an Mut auf Gewalt verzichtet, empfinde immer noch „Gewalt und Hass in seinem Herzen“ (ebd., S. 117), Gewaltfreiheit müsse aber „von Herzen“ kommen (ebd., S. 322) und ist für ihn letztlich religiös fundiert (vgl. ebd., S. 118 und 298–300). Gandhi scheint also zumindest in diesen Passagen ein deontologisches Konzept von Gewaltlosigkeit zu vertreten, in dem es primär um eine rein individuelle Selbstverpflichtung geht und nicht um allgemein verpflichtende Normen und Regeln für alle. Solche Positionen wie die von Gandhi und Wecker werden auch als „persönlicher" oder „individueller" Pazifismus bezeichnet (vgl. Fiala 2023b, § 2.3; Holmes 2017, S. 319 und Russell 2023, S. 9; für ein ganz anderes Verständnis von persönlichem Pazifismus vgl. Ryan 2024, Kap. 3). Ein so verstandener persönlicher Pazifismus dürfte auch für viele Fälle von Wehrdienstverweigerung eine wichtige Rolle spielen. Ähnlich einzuordnen ist die Position, die Fiala als „Vocational Pacifism" bezeichnet, wonach der Pazifismus keine Position für alle sein soll, sondern nur für bestimmte, dem Frieden verpflichtete Berufsgruppen wie Priester (vgl. Fiala 2023a, S. 63).

Man wird vielleicht fraglich finden, ob man überhaupt von Moral reden sollte, wenn damit kein Anspruch auf Verallgemeinerung (vgl. Mackie 1977, S. 83–84) oder keine allgemeingültigen wechselseitigen Forderungen (vgl. Tugendhat 1993, S. 59–60) verbunden werden, oder ob es so etwas wie eine rein ‚private' Moral geben kann, die sich in Forderungen und Ansprüchen an einen selbst erschöpft. Wie dem auch sei: Wir werden nur Konzeptionen betrachten, in denen es um verallgemeinerbare Forderungen geht, wonach kein Staat und keine Gemeinschaft Kriege führen oder militärische Gewalt einsetzen dürfen. Solche Positionen werden auch unter dem Begriff „politischer Pazifismus" zusammengefasst (vgl. Russell 2023, S. 9; Fiala 2023b, § 2.3; Ryan 2024, Kap. 3). Trotz teilweise anderslautender Aussagen von Gandhi geht es auch bei ihm am Ende um solch eine Position. Wenn im Folgenden von Spielarten des Pazifismus die Rede ist, dann sind stets Formen des politischen Pazifismus gemeint.

3.2 Spielarten des Pazifismus

Angesichts des Begriffs „Pazifismus" denkt man oft an eine Haltung, die jegliche Form von Gewaltanwendung, also nicht nur eine von Staaten oder Gruppen organisierte Gewalt mit militärischen Mitteln, strikt ablehnt. Faktisch ist diese Position in der Literatur eher selten zu finden. Vielmehr wird der Pazifismus in unterschiedlichen Varianten vertreten. Bei einigen Positionen, die von ihren Vertretern als „Pazifismus" bezeichnet werden, ist aus unserer Sicht fragwürdig, ob man sie überhaupt noch als Pazifismus ansehen kann, wenn dieser Begriff nicht allzu konturlos werden soll. Daher stellen wir an den Anfang dieses Abschnitts eine Grafik, die einen Überblick über Positionen liefert, die in der Debatte vertreten werden (s. Abb. 3.1). Sie ordnet unterschiedliche Varianten von Pazifismus ein und benennt auch die Alternativpositionen zum Pazifismus. Ausgangspunkt war für uns eine Grafik von Holmes (vgl. Holmes 2017, S. 240), die wir erheblich erweitert und modifiziert haben. Natürlich können wir hier nicht alle Positionen und interessanten Publikationen zum Thema berücksichtigen und müssen uns auf eine Auswahl beschränken (so enthält die Grafik etwa keine Hinweise auf die wichtigen Ansätze von McMahan und Ryan). Übersichtlichkeit und Platz schließen aus, dass sie jede mögliche Variante jeder Spielart von Theorie angemessen berücksichtigt. Für uns sind vor allem die Unterschiede jener Spielarten wichtig, die wir im Folgenden diskutieren werden (zur Geschichte des Pazifismus und wichtigen historischen Vorläufern wie Seneca, Tertullian und Erasmus von Rotterdam vgl. May 2015, Kap. 3).

Vor einer eingehenden Diskussion einzelner pazifistischer Positionen sind ein paar Bemerkungen zu den Unterscheidungen, die in der Grafik getroffen werden, angebracht. Erläuterungsbedürftig dürften vor allem folgende Punkte sein:

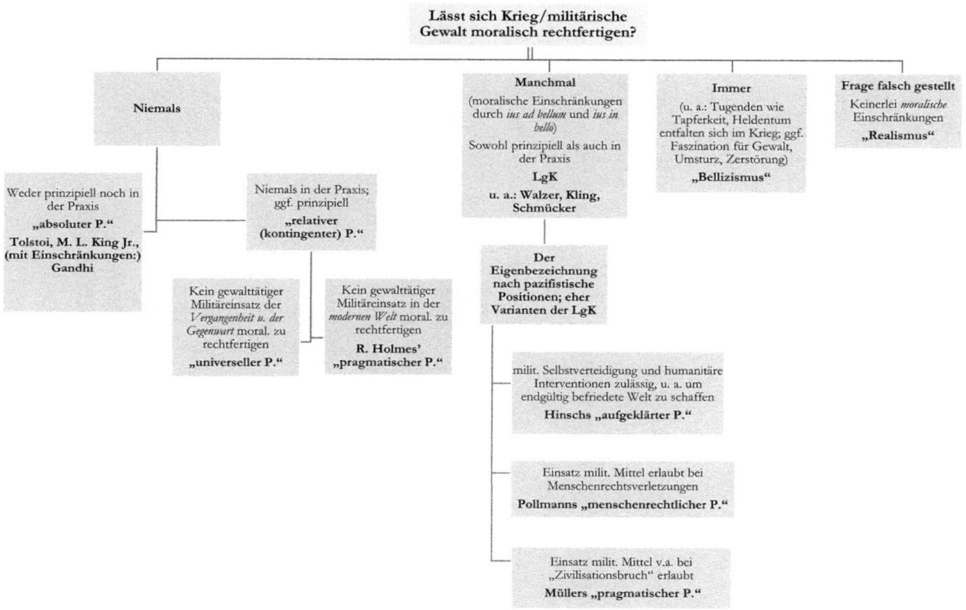

Abb. 3.1 Überblick über in der Debatte vertretene Positionen

- Pazifismus wird in der Regel wohl als „absoluter Pazifismus" verstanden und somit als die Position, mit der der Einsatz militärischer Gewalt sowohl prinzipiell als auch in der Praxis als moralisch unzulässig angesehen wird. Inwiefern können dann die als „relativer Pazifismus" bezeichneten Positionen diesen Titel überhaupt noch mit Fug und Recht beanspruchen? Kann eine Position sinnvoll als „pazifistisch" bezeichnet werden, die militärische Gewalt prinzipiell oder doch unter bestimmten Umständen gar nicht ausschließt?
- Und wenn dem so ist, wie soll sie sich dann noch sinnvoll von der LgK unterscheiden lassen?
- Wie kann der relative Pazifismus unter die Rubrik ‚niemals' gebracht werden, wenn er am Ende doch Ausnahmen zuzulassen scheint?
- Und wie will man unter diesen Vorzeichen Positionen, die sich als „Pazifismus" bezeichnen (nämlich die von Hinsch, Müller und Pollmann), diesen Titel streitig machen und sie eindeutig der LgK zuordnen, während man andererseits relative Spielarten als „Pazifismus" gelten lässt?
- Und um die Verwirrung komplett zu machen: Wie soll diese Grafik zu dem Umstand passen, dass Pazifismus und LgK am Ende überlappen (vgl. Fiala 2023a, S. 11, 38) oder sogar konvergieren können (vgl. Holmes 2017, Kap. 12)?

All diese berechtigten Fragen lassen sich relativ einfach beantworten. Dazu muss allerdings, wie gesagt, zunächst genauer geklärt werden, was unter der LgK zu verstehen ist.

3.3 Die Lehre vom gerechten Krieg

Wir haben bereits mehrfach die LgK angesprochen und sie als Gegenspieler des Pazifismus bezeichnet. Am Schluss unseres Buches wird sie entscheidend sein, weil wir dort eine um pazifistische Ergänzungen angereicherte LgK zwecks ethischer Orientierung empfehlen. Jetzt werden wir kurz in die LgK einführen (vgl. hierzu ausführlich Gisbertz-Astolfi 2024). Dabei werden wir insbesondere auf ihre Kernaussage, ihre Funktion und die Kriterien eingehen, die in ihr eine Rolle spielen, um die moralische Zulässigkeit von Kriegen zu überprüfen und ggf. zu behaupten. Eines zur Vermeidung unnötiger Missverständnisse vorweg: Wenn in der LgK von einem gerechten Krieg die Rede ist, dann bedeutet „gerecht" in diesem Kontext „moralisch zulässig", also „moralisch erlaubt". Es geht bspw. nicht darum, einem anderen Staat eine „gerechte Strafe" zukommen zu lassen. Angesichts dessen bemerkt etwa Schmücker zurecht, dass die LgK „eigentlich genauer, aber viel umständlicher *Theorie der moralischen Zulässigkeit des Führens von Kriegen* heißen müsste" (Schmücker 2025, S. 27).

Ideengeschichte und Lehren vom gerechten Krieg

Die Rede von *der* LgK kann leicht in die Irre führen. Genaugenommen gibt es nämlich *Lehren*. In durchaus bedeutsamen Details unterscheiden sich ihre Vertreter in maßgeblicher Weise. Der Kirchenlehrer Augustinus, der nach verbreiteter, wenn auch nicht einhelliger Auffassung (vgl. Gisbertz-Astolfi 2025b; Holmes 2017, Kap. 4) als Vertreter der LgK oder zumindest als einer ihrer Vordenker gilt, behauptet manches, das Michael Walzer, der gegenwärtig prominenteste Vertreter dieser Position, nicht behaupten möchte, und umgekehrt. Die LgK, als Klasse mehrerer Lehren bzw. Varianten begriffen, ist sehr alt. Sie nimmt ihre Anfänge in der griechischen und römischen Antike (vgl. Orend 2019, S. 89). Seitdem wurde sie revidiert, verdrängt, wiederentdeckt, modifiziert, theologisch geprägt, säkular gefasst, kritisiert und verteidigt. So kamen Lehren bzw. Varianten zustande. Auch in der Gegenwart wird die LgK revitalisiert. Ein für alle Mal ist sie anscheinend nicht zu verdrängen, auch in den Zeiten des humanitären Völkerrechts.

Bisweilen prägt sie die Debatte, dann scheint sie nur noch randständig, bloß historisch von Interesse zu sein. Walzer sprach vor knapp zwei Jahrzehnten vom Triumph der LgK (vgl. Walzer 2004), Brian Orend wenige Jahre später davon, dass sie womöglich wieder im Verschwinden begriffen sei (vgl. Orend 2006, S. 27).

Zur Ideengeschichte der LgK (vgl. hierzu z. B. Kleemeier 2017; Brunstetter und O'Driscoll 2018) müssen wir hier nicht viel sagen. Die eingestreuten historischen Hinweise erfüllen allerdings folgenden Zweck: Wir wollen damit deutlich machen, dass es bei aller Pluralität und angesichts sich stark voneinander unterscheidender Varianten etwas geben muss, das sie eint. Würde es das sie Einende nicht geben, wäre die Einordnung der Varianten unter die Oberkategorie „LgK" unverständlich. Auf dieses Einende kommen wir nun zu sprechen.

Kernaussage, Kernaufgabe und Funktion der Lehre

Orend gibt die Kernaussage der LgK folgendermaßen wieder: „*Wenigstens manchmal ist es für eine politische Gemeinschaft moralisch zulässig, in den Krieg zu ziehen*" (Orend 2006, S. 31, eigene Übers.). Demnach gibt es Umstände, unter denen das Führen eines Krieges moralisch erlaubt ist. Weiterreichende ethische Überzeugungen müssen die Vertreter nicht teilen. Sie müssen etwa nicht davon ausgehen, dass das Führen eines Krieges moralisch geboten sein kann, man also unter Umständen dazu verpflichtet ist, einen Krieg zu führen.

Keine Einigkeit herrscht unter den Vertretern, welche Umstände es sind, die einen Krieg moralisch zulässig machen, und unter welchen Umständen ein einmal unter dem Vorzeichen der moralischen Zulässigkeit begonnener Krieg beendet werden muss, weil die Art der Kriegsführung von Anfang an moralisch unzulässig war oder erst im Verlauf der Zeit dazu geworden ist. Der Versuch, diese Umstände zu bestimmen, ist die Kernaufgabe derer, die die LgK vertreten. Die Annahme, *dass* es einen moralisch zulässigen Krieg gibt, eint sie; *was* einen Krieg zu einem moralisch zulässigen macht, ist unter ihnen umstritten, auch wenn es den typischen Fall eines gerechten Krieges gibt. Dies ist jener, in dem der Zweck der kollektiven Selbstverteidigung verfolgt wird. Dabei ist unseres Erachtens zu beachten: Eine bloß vorgeschobene, nur vermutete oder behauptete Bedrohung von außen reicht nicht aus, damit der Fall moralisch zulässiger kollektiver Selbstverteidigung vorliegt. Ansonsten wäre es allzu leicht, den Beginn eines Krieges zu legitimieren. Die Rechtfertigung wäre von fragwürdigen Wahrnehmungen und politischen Interessen und Konjunkturen abhängig. Doch auch dies ist umstritten: Es ist nicht ausgeschlossen, dass ein Vertreter der LgK für vorbeugende Militärschläge plädieren kann, wie dies Michael Walzer tut (vgl. Walzer 2006, S. 80–85).

Die moralische Angemessenheit der kollektiven Selbstverteidigung wird, wenn überhaupt, dann nur von Pazifisten infrage gestellt. Weswegen die Annahme, sich nicht selbst verteidigen zu dürfen, ethisch unplausibel ist, legen wir noch dar (s. Abschn. 4.1). Kniffliger und strittiger ist die Frage, ob es neben dem Krieg zwecks kollektiver Selbstverteidigung weitere als moralisch zulässig zu erachtende Kriege gibt. Weil diese keine Selbstverteidigungskriege sind, müssten es – man mag sie ansonsten nennen, wie man will – Angriffskriege sein. Insbesondere mit dem Problem, ob diese legitimiert werden können, und wenn ja, welcher spezielle Fall eines Angriffskrieges moralisch angemessen ist, beschäftigen sich heutige Vertreter der LgK.

Kernaussage und Kernaufgabe der LgK machen sie für manche verdächtig. So „gilt die Lehre vom Gerechten Krieg vielen noch immer als eine Ideologie der Kriegsbefürwortung“ (Busche 2013, S. 11; vgl. auch Haspel 2009, S. 71). Man könnte vermuten, dass mit ihr das Führen von

Kriegen begünstigt oder entschuldigt werden soll, und darin ihre eigentliche Funktion besteht. Die Vermutung ist nicht abwegig, greift aber zu kurz. Wenn man etwa Walzer folgt, ist sie auf den ersten Blick nicht abwegig, denn ihm zufolge hat die LgK vor etwas mehr als 1500 Jahren ihren Anfang im Dienst politischer Mächte genommen. Augustinus habe die ursprünglich radikale christliche Ablehnung des Krieges im Dienste christlich-politischer Mächte mithilfe der LgK zurückgewiesen (vgl. Walzer 2004, S. 3). Die ideengeschichtliche These, wonach die LgK mit Augustinus ihren Anfang genommen hat, einmal beiseite, sind der Hinweis auf Augustinus' Zurückweisung und die damit verbundene Kritik inhaltlich naheliegend. Doch ist die politische Instrumentalisierung der LgK historisch kontingent, geschichtlich zufällig, also nicht notwendig. Es liegt nicht im Begriff der LgK, begünstigen oder entschuldigen zu sollen. Und es trifft historisch auch nicht zu, dass die LgK stets nur diese Funktion hatte.

Man könnte zuungunsten der LgK vermuten, dass „jedes Nachdenken über die Legitimität von Krieg ebenjenen denkbarer und damit auch wahrscheinlicher macht" (Schmücker 2025, S. 15). Hinter der Vermutung steckt eine prognostische These: Wenn man über die Legitimität von Krieg auch nur laut nachdenkt, dann führt dies grundsätzlich dazu, dass das Führen von Kriegen wahrscheinlicher wird. So enttabuisiere man den Krieg. Doch gibt es für diese Prognose keine empirischen Belege, die sie stützen. Wir folgen Schmücker in seiner Einschätzung, dass sich eher das Gegenteil belegen lässt: „Der breite Zweifel an der Legitimität beispielsweise des Vietnamkrieges" habe „gezeigt, dass die öffentliche Erörterung von Maßstäben für die Legitimität des Einsatzes militärischer Mittel es den Regierenden erschweren kann, freiheitlich-demokratischen Gesellschaften jedweden Militäreinsatz als legitim zu ‚verkaufen' […]" (ebd., S. 16). Die These, dass mit der Debatte über die Legitimität des Führens von Kriegen die Kriegsbereitschaft stets begünstigt wird, lässt sich also leicht widerlegen.

Stattdessen ist zu betonen: Jeder, der beurteilen möchte, ob ein Krieg legitim oder illegitim ist, also auch der schärfste Kritiker, muss sich auf die Analyse und Kritik von normativen Kriterien einlassen, um sein Urteil fällen zu können. Auch der schärfste Kritiker muss, um nicht nur ideologisch abzukanzeln, mögliche Varianten der LgK kennen und Gründe der Legitimierung von Kriegen argumentativ zurückzuweisen imstande sein. Zweifellos kann die LgK politisch instrumentalisiert werden. Sie kann den Anschein erwecken, im Sinne des Kriegsführens wirksam sein zu sollen. Doch nur diese Möglichkeiten zu erwägen würde bedeuten, die eigentliche ethische Funktion der LgK zu übersehen, die genuin *kritisch* ist. Mit ihr wird versucht, ethisch fundiert Hürden für das Beginnen, Führen und Beenden von Kriegen zu setzen, ohne die pazifistische Vorannahme, dass es prinzipiell und/oder praktisch keine einzige zu überspringende Hürde geben *kann*, voreilig für gerechtfertigt zu halten. Wir stimmen Walzer zu: „Die Theorie des Gerechten Krieges ist keine Entschuldigung für einen bestimmten Krieg, und sie bedeutet keine Entsagung des Kriegs an sich. Sie wird entworfen, um eine ständige Prüfung und immanente Kritik zu ermöglichen" (Walzer 2004, S. 22, eigene Übers.).

Das Recht zum Krieg

Aus ethischer Perspektive ist die Reflexion des Krieges u. a. deswegen komplex, weil man drei Phasen eines Krieges unterscheiden muss: (1) die Phase vor dem Krieg bzw. die des Kriegsbeginns, (2) die des konkreten Kriegsgeschehens bzw. die des Krieges, (3) die der Kriegsbeendigung bzw. die nach dem Krieg. In der Debatte über die LgK spiegelt sich diese Komplexität in drei bereits angesprochenen Fragen, nämlich in der nach dem Recht zum Krieg (*ius ad bellum*), dem Recht im Krieg (*ius in bello*) und dem Recht nach dem Krieg (*ius post bellum*). Die letzte Frage ist eine relativ junge und wird nicht von allen Vertretern gestellt. Klassisch stellen sich, in erster Linie, die Fragen nach dem Recht zum und dann, in zweiter Linie, dem Recht im Krieg.

Kommen wir zunächst zu der Frage nach dem Recht zum Krieg, wobei, wie auch in den anderen Fällen, *moralisches* Recht gemeint ist, nicht juristisches. Es geht im ethischen Diskurs in erster Linie um Legitimität, nicht um Legalität. Unter diese Frage fallen genaugenommen spezifischere Fragen, von denen die nach dem gerechten Grund (*causa iusta*) manchmal als die „bei weitem" (Orend 2019, S. 82, eigene Übers.) wichtigste bezeichnet wird. Die im Folgenden formulierten sind gängige Fragen, die mit Blick auf die Phase vor dem Krieg gestellt werden.

Wer darf einen Krieg beginnen? – Dürfen Einzelpersonen, die in einem Staat hierzu nicht politisch legitimiert sind, einen Krieg ausrufen und kriegerische Handlungen ausführen? Darf dies nur eine durch Wahlen legitimierte Regierung oder auch eine, die sich durch einen Staatsstreich an die Macht gebracht hat? Ist jede Regierung moralisch gerechtfertigt, einen Krieg zu beginnen, oder nur eine solche, die diesbezüglich mit dem Rückhalt der absoluten oder der relativen Mehrheit der Bevölkerung rechnen darf? Sind eventuell Rebellen berechtigt? Die erste Frage bezieht sich auf die *Person* oder die *Institution*, die einen Krieg beginnen darf. Wenn so gefragt wird, dann wird vorausgesetzt, dass womöglich nicht jeder berechtigt ist, einen Krieg erklären und beginnen zu dürfen. Nur bestimmte Personen oder Institutionen scheinen dies angesichts dessen, was ein Krieg ist, was er für politische Folgen hat und was er für Bevölkerungen praktisch bedeutet, zu dürfen.

Weswegen darf ein Krieg begonnen werden? – Darf die Bestrafung eines anderen Staates aufgrund eines in der Geschichte erlittenen Unrechts als legitimer Kriegsgrund gelten? Oder muss ein konkreter humanitärer Ernstfall vorliegen, um einen Krieg beginnen zu dürfen? Genügt dafür ein Streit um die Zugehörigkeit von Territorien und Ressourcen? Darf man sich zum Zweck der Selbstverteidigung bekriegen? Die diesen Fragen übergeordnete, eingangs formulierte Frage bezieht sich auf den *Grund* oder die *Gründe*, in den Krieg zu ziehen. Angesichts der schwerwiegenden Übel, die ein Krieg hervorruft, ist die moralische Begründungslast, einen Krieg zu beginnen, schwer. Auch wenn sich die Vertreter nicht einig waren und sind, welche Gründe dies sind, sind sie sich weitgehend darin einig, dass es sehr guter Gründe bedarf, um etwas, das derart üble Folgen nach sich zieht, in Gang setzen zu dürfen. Es ist in Anbetracht dieser Folgen natürlich naheliegend, die Frage zu stellen, ob das Führen eines Krieges überhaupt als ein geeignetes Mittel angesehen werden sollte, um Konflikte zu beenden.

Mit welcher Absicht darf ein Krieg begonnen werden? – Darf man mit dem Führen eines Krieges neben dem Ziel, dem moralisch zulässigen Kriegsgrund entsprechend zu agieren, auch noch weitere Ziele verfolgen? Müssen die Kriegshandlungen ausschließlich auf das gerichtet sein, was der moralisch zulässige Kriegsgrund zu tun vorgibt? Die dritte Frage bezieht sich auf die *Intention* derer, die den Krieg beginnen. Man könnte davon ausgehen, dass ein Krieg nur dann begonnen werden darf, wenn die Absicht *allein* darin besteht, dem moralisch zulässigen Kriegsgrund entsprechend zu agieren. Geht man davon aus, dann besteht ein Problem darin, dass es grundsätzlich schwerlich überprüfbar ist, ob das Kriterium eingehalten wird. Denn es wäre naiv anzunehmen, dass in der Regel alle Absichten derer, die einen Krieg beginnen, öffentlich zur Sprache kommen. Zudem muss das Veröffentlichte nicht tatsächlichen Absichten entsprechen. Ein Vertreter der LgK wird hierbei besonders auf die Möglichkeit der Missachtung dieses Kriteriums und die Frage, woran man dessen Erfüllung festmachen möchte, achten müssen.

Gibt es kein milderes Mittel als den Einsatz militärischer Gewalt, um den betreffenden Konflikt zwischen verschiedenen Parteien zu beenden? – Darf ein Krieg dann begonnen werden, wenn man die Möglichkeit sieht, auf diplomatischem Weg zu der Beendigung des Konflikts zu kommen? Ist der Krieg realistischerweise die Ultima Ratio, also die letzte Karte, die man ziehen kann? Die vierte Frage bezieht sich auf die *Erforderlichkeit des Mittels* militärischer Gewalt. Wenn man etwa aller möglichen Voraussicht nach auf diplomatischem Wege einen Konflikt beseitigen kann, dann ist der Einsatz eines anderen Mittels, das sehr viele schwerwiegende körperliche und seelische Übel erzeugt, kaum zu verteidigen.

Wie muss das Verhältnis der zu vermutenden Kriegsübel und nachteiliger Friedensfolgen, der Kriegsgüter und Friedensgüter beschaffen sein, damit der Krieg begonnen werden darf? – Darf ein Krieg begonnen werden, wenn mit ihm absehbar gegenüber dem Fall des ausbleibenden Krieges mehr Übel als Güter in die Welt gebracht werden? Gibt es ein allgemein bestimmbares Verhältnis zwischen Übeln und Gütern, das zwecks Legitimierung vorliegen muss? Die fünfte Frage bezieht sich auf die Frage nach der *Proportionalität* von dem, was aller möglichen Voraussicht nach in ethischer Perspektive positiv, und dem, was negativ mit einem Krieg erreicht werden könnte.

Das Recht im Krieg

Mit Blick auf die zweite Phase, die des konkreten Kriegsgeschehens bzw. des Krieges selbst, ist diese Frage zu stellen:

Wie darf der Krieg geführt werden? – Welche Orte und Personengruppen dürfen mit welchen Waffen und in welcher Frequenz angegriffen werden? Was darf den eigenen

Soldaten abverlangt werden? Ist in Kampfhandlungen ein Unterschied zu machen zwischen Zivilisten und Mitgliedern kämpfender Truppen – wer genau zählt weswegen zu welcher Gruppe und welchen Unterschied macht das? Welche Teile der Infrastruktur des bekriegten Staates dürfen wie schwerwiegend attackiert werden? Eine gängige generelle Antwort auf solche Fragen besteht in einem Verweis auf das humanitäre Völkerrecht. Nicht nur, aber auch der ethische Diskurs über Krieg und Frieden dürfte einen Anteil daran haben, dass spezielle Antworten auf Fragen nach der legitimen Kriegsführung rechtlich kodifiziert wurden. Diese sind aber nicht sakrosankt. Durch sie allein ist der Diskurs, sind ethische Reflexion und Kritik, natürlich nicht obsolet. So stellen sich etwa durch neue Tatsachen neue Fragen: durch neue Arten der Kriegsführung und neue Arten von Kriegen, die sowohl ethisch als auch rechtswissenschaftlich untersucht und beantwortet werden müssen.

In *Just and Unjust Wars*, dem Klassiker der LgK aus dem 20. Jahrhundert, formuliert Michael Walzer: „Krieg wird immer zweifach bewertet, einmal hinsichtlich der Gründe, die Staaten haben, um zu kämpfen, dann hinsichtlich der Mittel, die sie nutzen […]. Es ist ohne Einschränkungen möglich, dass ein gerechter Krieg ungerecht geführt wird und dass ein ungerechter Krieg unter strenger Beachtung der Regeln“, die in einem Krieg einzuhalten sind, „geführt wird“ (Walzer 2006, S. 21, eigene Übers.). Damit weist Walzer darauf hin, dass man die Ebenen des Rechts zum Krieg und die des Rechts im Krieg evaluativ voneinander entkoppeln kann. Ob man dies allerdings tun *sollte*, ist eine Frage, auf die wir noch bündig eingehen werden. Denn die Annahme, dass es angemessen ist, von einem ungerecht geführten Krieg zu sagen, dass er ein gerechter ist, weil er immerhin einen gerechten Grund hat, muss nicht einleuchten. Man darf deutlich anspruchsvoller behaupten, dass ein Krieg mit allen Phasen und allen Gerechtigkeitskriterien *ins-*

gesamt als „gerecht“ oder „ungerecht“ zu beurteilen ist, oder zumindest mit den Phasen *ius ad bellum* und *ius in bello*.

Das Recht nach dem Krieg

Die dritte Phase, jene nach dem Krieg, hat in der Ideengeschichte der LgK einen anderen Rang als die anderen. Wie der Krieg beendet werden und was ihm folgen muss, damit man die Beendigung als moralisch angemessen erachten darf, ist eine Frage, die sich etwa mittelalterliche Vertreter der LgK nicht so stellten, wie dies heutige tun – wenn sie sich diese überhaupt stellten. Das Recht nach dem Krieg als einen Teil der LgK aufzunehmen ist, so Steinvorth, „kontrovers“ (Steinvorth 2024, S. 645).

Spezifische Fragen, die sich bei dem Recht nach dem Krieg stellen, lauten: Sind die Kriegsparteien oder ist eine Kriegspartei zu bestrafen? Wer oder was darf bestrafen? Wie muss der Friedensschluss zwischen den Kriegsparteien beschaffen sein, um moralisch anerkennungswürdig zu sein? Darf er etwa in oder zwischen den Zeilen die Absicht auf einen weiteren Krieg erkennen lassen? Gilt, wie es in Kants Schrift *Zum ewigen Frieden* von 1795 heißt: „Es soll kein Friedensschluß für einen solchen gelten, der mit dem geheimen Vorbehalt des Stoffs zu einem künftigen Kriege gemacht worden“ ist (Kant 2005, S. 3)? Ist die „Entschädigung für Kriegsschäden“ (Steinvorth 2024, S. 645, Fn. 4) zu fordern? Hat eine Partei, die in einem Krieg siegreich ist, die Pflicht, sich an dem Wiederaufbau des zuvor bekriegten Staates zu beteiligen? Wenn dies der Fall ist: In welchem Maße? Hat sie dies nur, wenn sie den Krieg begonnen hat? Oder auch dann, wenn sie ihn nicht begonnen hat? Ist sie verpflichtet, zu der Einsetzung einer stabilen Regierung in dem besiegten Staat beizutragen?

Diese Fragen sind auch für Pazifisten relevant. Denn je nachdem, wie sie beantwortet werden, wird mit einer Variante der LgK mehr oder minder auszuschließen versucht, dass es im Anschluss an den beendeten Krieg weitere geben kann. Je nachdem, wie sie beantwortet werden, könnte dies mehr oder minder einen Beitrag dazu leisten, zum Abbau der Institution des Krieges als einer Form der Konfliktaustragung beizutragen.

Ein möglicher Dissens

Wie bereits angedeutet, können Vertreter der LgK ganz unterschiedlicher Auffassung darüber sein, wie viele und welche Kriterien eine plausible Variante der Lehre enthalten sollte, ob also etwa auch das des Rechts nach dem Krieg aufzunehmen ist, und in welchem Ausmaß diese Kriterien jeweils erfüllt sein müssen, damit ein Krieg als moralisch zulässig gelten kann. Gemäß dem oben angeführten Zitat von Walzer könnte man sogar einen Krieg, der nur einen gerechten Grund hat, aber ungerecht geführt wird, immer noch als gerecht ansehen. Dies zu tun, ist nicht per se falsch. Es ist eine begriffliche Festlegung. Sie könnte aber als zu anspruchslos gelten. Eine solche Überlegung führt zu dem allgemeinen Punkt, dass eine LgK anspruchsloser oder anspruchsvoller bestimmt sein kann. Eine Theorie, nach der ein Krieg allein schon deshalb gerecht ist, weil er ausschließlich nach dem *ius ad bellum* gerechtfertigt ist, wirkt dann doch verhältnismäßig anspruchslos.

Im 6. Kapitel werden wir einen Vorschlag unterbreiten: Wir werden eine jüngst vertretene und anspruchsvolle Variante der LgK, die wir in wesentlichen Hinsichten für plausibel halten, referieren, um sie um Elemente des pazifistischen Gedankenguts zu ergänzen und pazifistisch zu kritisieren. Für diesen Vorschlag ist diese *Faustregel* relevant: Je anspruchsloser eine Variante der LgK ist, desto weniger ist sie unseres Erachtens dafür geeignet, Kriege ethisch hinreichend kritisieren zu können. Wer eine Variante entwickeln will, muss eine Vielzahl ethischer Fragen stellen und beantworten. Es ist naheliegend, dass man dabei nicht zu selektiv und leichtsinnig verfahren darf. Auch wenn man, wie wir, dem Pazifismus als ethischer Konzeption nicht folgt, sollte man angesichts dessen, was Kriege sind und in der Regel herbeiführen, ethisch so skrupulös wie möglich vorgehen. Angesichts dessen werden wir grundsätzlich für die Beachtung einer möglichst anspruchsvollen Variante der LgK plädieren, die dem Anspruch, eine solche zu sein, erst dann vollends gerecht wird, wenn sie ausgesuchte Elemente des pazifistischen Gedankenguts integriert.

3.4 Spielarten des Pazifismus und die Abgrenzung von der Lehre vom gerechten Krieg

Mit den vorangegangenen Klärungen zur LgK können wir uns der Beantwortung der in Abschn. 3.2 aufgeworfenen Fragen widmen. Zunächst muss hierfür allerdings genauer erläutert werden, was die These besagt, dass sich militärische Gewalt zwar niemals in der Praxis, aber ggf. prinzipiell rechtfertigen lässt. Wenn sich militärische Gewalt prinzipiell rechtfertigen lässt, dann müssen sich Bedingungen angeben lassen, unter denen militärische Gewalt entweder ethisch unbedenklich ist oder es doch zumindest nicht von vorneherein ausgeschlossen ist, dass sie sich moralisch rechtfertigen lässt. Erst dadurch, dass militärische Gewalt unweigerlich mit einer ganz bestimmten Praxis einhergeht, wird sie dann moralisch unzulässig. Der Umstand allein, dass militärische Gewalt ausgeübt wird, unterliegt dann noch nicht unbedingt einem moralischen Verdikt. Was kann das aber konkret heißen?

Holmes erläutert dies folgendermaßen: In der Praxis geht militärische Gewalt mindestens seit den napoleonischen Kriegen damit einher, dass Krieg zum „absoluten

Krieg“ (Holmes 2017, S. 3–4, eigene Übers.) wird, in dem nicht nur bezahlte Söldner und Angehörige einer Ritterkaste mit ihrem spezifischen Ehrenkodex gegeneinander antreten, sondern auf einmal alle prinzipiell Wehrfähigen zu Soldaten werden können und in dem die Zivilbevölkerung in schlimmster Weise betroffen ist: Es kommt dabei unweigerlich zu untragbaren Übeln wie der Tötung Unschuldiger, der Misshandlung von Frauen, zu Vergewaltigungen, Folter, Zerstörung von Eigentum und ökonomischen Lebensgrundlagen und erzwungenen Fluchtbewegungen (vgl. ebd., S. 50–51). Was militärische Gewalt ethisch untragbar macht, sind demnach diese Begleiterscheinungen, nicht jedoch einfach der Umstand, dass überhaupt Gewalt ausgeübt wird oder Menschen zu Tode kommen. Es wird also *nicht jegliche militärische Gewalt prinzipiell* ausgeschlossen, sondern nur diejenige mit besagten Folgen. Man sollte Holmes allerdings nicht unterstellen, dass er Kämpfe zwischen Rittern und dergleichen moralisch billigen würde oder für unproblematisch hält. Seine Position besagt nur, dass diejenigen Bedingungen, die Kriege für ihn heute gänzlich untragbar machen, damals nicht gegeben waren. Das ist natürlich damit verträglich, dass er den moralischen Status vormoderner Kriege hier einfach erst einmal offenlassen will. Er lässt darüber hinaus auch offen, in welche Kategorie der US-amerikanische Unabhängigkeitskrieg und der Deutsch-Französische Krieg von 1870/71 fallen (vgl. ebd., S. 238). Im absoluten Pazifismus kann man das natürlich nicht offenlassen. Damit ist geklärt, wie sich ein relativer Pazifismus von einem absoluten Pazifismus unterscheiden lässt. Das „niemals“ aus der Grafik ist angesichts des relativen Pazifismus eben zu lesen als „niemals unter den faktisch relevanten Bedingungen“.

Oft ist in der Literatur statt von „relativem“ Pazifismus auch von „kontingentem“ Pazifismus die Rede (vgl. Fiala 2023b, § 2.1; May 2015, Kap. 4), womit häufig (May), aber nicht stets (Fiala) dasselbe gemeint ist wie mit „relativem“ Pazifismus. Die Idee ist hierbei jeweils, dass das Verdikt über militärische Einsätze – anders als beim absoluten Pazifismus – vom Bestehen bestimmter kontingenter Bedingungen abhängig gemacht wird. „Kontingent“ heißt hier, dass sie nicht immer bestanden haben oder doch zumindest nicht immer hätten bestehen müssen.

Holmes geht, wie wir gerade sehen konnten, davon aus, dass es in vormoderner Zeit Kriege gegeben hat, die nicht durch diese für die Zivilbevölkerung fatalen Umstände gekennzeichnet waren. Das ist natürlich eine historisch leicht anfechtbare Behauptung, wenn man sich vor Augen hält, wie diese auch im Mittelalter und der Antike durch exzessive militärische Gewalt wie Massaker, Brandschatzungen, Plünderungen und Versklavung betroffen war. Wenn man Holmes an diesem Punkt daher nicht folgen will, so muss man damit aber nicht den relativen Pazifismus aufgeben. Man kann nämlich einfach die *universelle* Variante unterschreiben, wonach sich Kriege *faktisch schon immer* durch diejenigen Merkmale ausgezeichnet haben, die Holmes nur in der Moderne für unausweichlich hält. Prinzipiell moralisch zulässige Kriege wären dann nur noch eine rein hypothetische Möglichkeit, für die es nie ein plausibles historisches Beispiel gab und wohl auch nicht geben wird.

Relativer Pazifismus vs. Lehre vom gerechten Krieg

Offen ist jetzt noch, ob und wie sich der relative Pazifismus von der LgK unterscheiden lässt. Für die LgK ist typisch, dass sie bestimmte Bedingungen formuliert, unter denen überhaupt Krieg geführt werden darf (*ius ad bellum*), sowie bestimmte Bedingungen, wie er dann geführt werden muss (*ius in bello*). Dabei geht es z. B. darum, dass ein Staat das moralische Recht hat, sich gegen einen militärischen Überfall militärisch zur Wehr zu setzen, oder auch darum, dass bestimmte Formen von militärischer Intervention erlaubt sind, etwa um einen Genozid zu beenden. Davon, dass Kriege heute oder schon immer unweigerlich mit Faktoren einhergehen, die sie grundsätzlich moralisch unzulässig machen, ist in diesem Zusammenhang erst einmal gar nicht die Rede. Der Intention nach ist die LgK für die Praxis konzipiert. Es gehört zu ihrem Kern, dass man hier und heute das Recht hat, z. B. seine territoriale Integrität militärisch zu verteidigen (vgl. Kling 2023, S. 100 sowie den generellen Duktus des modernen Klassikers der LgK, Walzer 2006; auch May 2015, S. 59). Relative Pazifisten im Sinne von Holmes sehen hier nur eine rein hypothetische Möglichkeit, die entweder nie oder nur unter Bedingungen gegeben war, die mit unserer heutigen politischen Wirklichkeit nichts zu tun haben. Und selbst angesichts solch einer Möglichkeit sagen sie nicht, dass wir es dann mit moralisch legitimen Kriegen zu tun haben, sondern sie lassen die Frage, anders als die LgK, einfach offen.

Ein weiterer wichtiger Umstand, der in der Literatur merkwürdigerweise oft unter den Tisch fällt, ist, wie es die einzelnen Positionen mit der Frage halten sollten, ob man Armeen unterhalten bzw. eine militärische Infrastruktur aufrechterhalten darf. Für die Standardversionen der LgK kann die Antwort eigentlich nur positiv ausfallen, denn wie sollen gerechte Kriege sonst geführt werden? Wenn der relative Pazifismus andererseits heute keinerlei Spielraum für moralisch zulässige Kriegsführung sieht, so ist schwer zu sehen, wie die Aufrechterhaltung einer militärischen Infrastruktur dann noch gerechtfertigt werden kann.

Man beachte, dass die Terminologie in der Literatur leider nicht immer einheitlich ist. So besagt der „relative Pazifismus" laut Russell lediglich, dass „nur *sehr wenige* Kriege es wert sind, ausgetragen zu werden" (Russell 2023, S. 9). Das ist deutlich laxer formuliert als das, was wir bei Holmes, Fiala und May finden. Hier werden nämlich gar keine konkreten Kriterien dafür genannt, was diese Kriege im

Gegensatz zu anderen moralisch zulässig machen könnte. Zudem wird nicht nur angedeutet, dass manche Kriege zu führen erlaubt sein könnte, sondern sogar, dass man sie darüber hinaus sogar führen sollte, weil sie ja wert sind, geführt zu werden. Russell befürwortet in diesem Text (ursprünglich 1943–44 publiziert) explizit den Kriegseinsatz der Alliierten gegen Nazi-Deutschland aus dem Grund, dass er eine Eroberung Englands und der USA für fatal hielte (vgl. ebd., S. 10). Eine künftige noch zu errichtende Weltregierung will er sogar dazu verpflichten, gegen jeden Staat in den Krieg zu ziehen, der vom Weltgericht zum Aggressor erklärt wird (vgl. ebd., S. 17). Hier ist gar nicht mehr ersichtlich, wie sich solch eine Position noch von einer Form der LgK unterscheiden soll.

Um den relativen Pazifismus im Sinne von Holmes, Fiala und May von der LgK zu unterscheiden, ist auch ein kurzer Blick darauf hilfreich, wie der Zweite Weltkrieg und Beispiele für humanitäre Interventionen von Vertretern der LgK und relativen Pazifisten jeweils betrachtet werden. Aus der Perspektive der LgK herrscht angesichts des Zweiten Weltkriegs Konsens, dass nicht nur die von Nazi-Deutschland und Japan überfallenen Länder ein moralisches Recht zur Gegenwehr hatten, sondern dass auch der militärische Einsatz der Alliierten gegen diese Regimes, sei es zugunsten dieser Länder, sei es zur Selbstverteidigung, legitim war (vgl. Kling 2023, S. 107–108; Schmücker 2025, S. 27–28; Walzer 2006, S. 253–254). Zwar wird in der Regel eingeräumt, dass auch die Alliierten in diesem Krieg etwa durch die Atombombenabwürfe auf Hiroshima und Nagasaki und die konventionellen Flächenbombardements deutscher und japanischer Städte massiv gegen die Regeln moralisch gerechtfertigter Kriegsführung verstoßen haben (vgl. Walzer 2006, S. 255–268), aber das ändert nichts daran, dass die militärische Gegenwehr gegen die Achsenmächte, die zu deren Kapitulation führte, in ihren Augen grundsätzlich moralisch gerechtfertigt war. Kurz, ein *ius ad bellum* wird eindeutig bejaht und ein *ius in bello* auch, allerdings mit Blick auf die tatsächliche Art der Kriegsführung der Alliierten mit Abstrichen. Walzer geht dabei so weit, dass es in manchen Kriegssituationen richtig sein kann, für die „gute Sache" ein schwerwiegendes moralisches Übel wie die Tötung Unschuldiger zu begehen oder anzuordnen (vgl. ebd., S. 323). Verknüpft man die LgK (entgegen der üblichen Lesart) ausschließlich mit bestimmten konsequentialistischen Überlegungen, in denen nur noch die Gesamtzahlen von erwartbaren Toten gegeneinander aufgerechnet werden, so könnten sogar die Atombombenabwürfe und die Flächenbombardements in einem anderen moralischen Licht erscheinen, weil sie den Krieg verkürzt haben (vgl. Kling 2023, S. 79).

Relative Pazifisten im Sinne von Holmes, Fiala und May argumentieren viel zurückhaltender: So gibt Fiala zu bedenken, dass es womöglich eine Illusion ist zu meinen, dass sich in solch einem Krieg das Abgleiten in moralisch unzulässiges Vorgehen effektiv vermeiden lässt (vgl. Fiala 2023a, S. 45–46). Er hat also mit anderen Worten Zweifel daran, dass sich die *Ius-in-bello*-Kriterien in der Praxis einhalten lassen. Und er weist, ähnlich wie Holmes (vgl. Holmes 1989, S. 275–276), darauf hin, dass sich dieser Krieg nicht im luftleeren Raum ereignete, sondern eine komplexe Vorgeschichte hatte, die man entweder mit friedlichen Mitteln hätte in andere Bahnen lenken können (so Holmes, vgl. ebd.), oder für deren Verlauf die Alliierten womöglich auch eine Mitverantwortung trugen (vgl. Fiala 2023a, S. 16–17). Das deutet sogar darauf hin, dass nicht einmal relevante *Ius-ad-bellum*-Kriterien erfüllt gewesen sind.

Neuerdings will Holmes die Diskussion des Zweiten Weltkriegs aufgrund seiner „Eigentümlichkeit und Komplexität" völlig außen vor lassen und seine kritische Diskussion auf die Kriege danach beschränken (vgl. Holmes 2017,

S. 238). Das ist natürlich unbefriedigend, aber es ist dessen ungeachtet vor dem Hintergrund der fatalen Folgen der alliierten Kriegsführung für zahllose Zivilisten nicht ersichtlich, wie er diese als gerechtfertigt hätte ansehen können. Nimmt man die Zweifel von Fiala hinzu, wonach die Vorstellung fragwürdig ist, man könne sich in der Praxis immer sauber an *Ius-in-bello*-Kriterien halten, so müsste aus seiner Sicht zusätzlich noch in Frage stehen, ob es eine moralisch bessere alliierte Kriegsführung in diesem Krieg überhaupt hätte geben können. Kurz, Vertreter der LgK sehen in der Gegenwehr gegen die Achsenmächte trotz aller Kritik an einzelnen Kriegshandlungen *eindeutig* ein Beispiel für moralisch legitimes Handeln, Vertreter des relativen Pazifismus tun dies nicht.

Ein ähnliches Bild ergibt sich, wenn man die jeweils unterschiedliche Betrachtung der Frage der Legitimität humanitärer Interventionen berücksichtigt. Aus Sicht der LgK sind diese unter bestimmten Bedingungen zulässig, und zwar insbesondere dann, wenn es um die Abwehr von Völkermord geht (vgl. Schmücker 2025, Kap. 4 und 5; Kling 2023, S. 95; Walzer 2006, S. 105–108). Relative Pazifisten melden hingegen erhebliche Zweifel an. Holmes macht deutlich, dass solche Interventionen mit seiner „pragmatischen" Version von relativem Pazifismus nicht verträglich sind (vgl. Holmes 2017, S. 284–285). Angesichts des Völkermords in Ruanda 1994, bei dem viele im Nachhinein ein gravierendes Versäumnis darin gesehen haben, ihn nicht mit militärischen Mitteln beendet zu haben, äußert May aus verschiedenen Gründen erhebliche Zweifel, dass solch ein Eingreifen die beste Option gewesen wäre (vgl. May 2015, S. 60–61; auch Holmes 2017, S. 287).

Die Unterscheidung zwischen relativem Pazifismus und LgK ist zwar deutlich genug, aber auch subtil. Wie lässt sich vor diesem Hintergrund rechtfertigen, dass wir eine Reihe von Autoren, die sich selbst als Pazifisten einordnen, nicht als solche gelten lassen, sondern der LgK zuordnen? Die Antwort, die im 5. Kapitel näher ausgeführt wird, lautet, dass die Art und Weise, wie sie die moralische Zulässigkeit militärischer Gewalt unter bestimmten Bedingungen begründen, sie eher im Feld der LgK positioniert als im Lager des relativen Pazifismus.

Können der relative Pazifismus und die Lehre vom gerechten Krieg konvergieren?

Bleibt noch die vielleicht verwirrende Frage zu beantworten, wie relativer Pazifismus und LgK am Ende konvergieren können sollen, wo wir uns doch so viel Mühe gegeben haben, sie fein säuberlich zu trennen. Die Antwort lautet: Die LgK erklärt ja nicht jeden Krieg für moralisch zulässig, sondern sie kennt, wie bereits oben ausgeführt, ggf. relativ restriktive Kriterien für moralisch zulässige Kriegsführung. Spielräume bestehen allerdings, *wie* restriktiv man sie fassen will. Im Prinzip lassen sie sich sogar so eng fassen, dass man selbst vor dem Hintergrund der Annahme, dass bestimmte Kriege prinzipiell moralisch gerechtfertigt sein mögen, bezogen auf die konkrete Praxis *immer schon* einen Verstoß gegen die Regeln ethisch erlaubter Kriegsführung veranschlagen würde, der zur Unzulässigkeit des *jeweiligen konkreten, betrachteten Kriegs* führt. Der Unterschied zwischen relativem Pazifismus und LgK schrumpft dann darauf zusammen, dass der relative Pazifismus von der Grundannahme ausgeht, dass zumindest *heute prinzipiell kein Krieg* erlaubt ist, und die LgK *diese Grundannahme* nicht teilt. Angesichts der Frage: „Darf dieser konkrete Krieg geführt werden?" kommen beide aber zum selben, nämlich negativen Ergebnis. Die LgK lässt sich also im Prinzip so restriktiv fassen, dass sie in der Praxis zum selben Ergebnis führt wie der relative Pazifismus. Das heißt aber natürlich nicht, dass sich die Positionen nicht dennoch grundlegend unterscheiden. Was aus der Sicht des relativen Pazifismus Kriege von vorneherein moralisch unzulässig macht, wird im Rahmen solch einer LgK erst im Verlauf einer genaueren Auslegung der *Ius-ad-bellum* und *Ius-in-bello*-Kriterien erreicht. Wer die LgK vertritt, kann am Ende mit Blick auf konkrete Kriege zu denselben Ergebnissen gelangen wie der Pazifist. Aber wer den Pazifismus vertritt (gleichviel, ob absolut oder relativ), kann nicht zu dem Ergebnis gelangen, dass es unter heutigen Bedingungen ein *ius ad bellum* oder ein *ius in bello* gibt.

4 Kritik des Pazifismus

In diesem Kapitel werden Argumente für den Pazifismus kritisch betrachtet, die sowohl von absoluten als auch relativen Pazifisten herangezogen wurden bzw. herangezogen werden können. Wir werden zu dem Schluss kommen, dass diese nicht zu überzeugen vermögen.

4.1 Direkte Argumente für den Pazifismus und ihre Kritik

Bei den philosophischen Argumenten für den absoluten und den relativen Pazifismus lassen sich grundsätzlich zwei unterschiedliche Argumentationsstrategien unterscheiden, die sich wechselseitig ergänzen können. Die erste Strategie hebt auf Argumente ab, die zeigen sollen, was *direkt* für den Pazifismus spricht (hier mit „D" und folgender Nummerierung gekennzeichnet), die zweite soll ihn *indirekt* (hier mit „I" und folgender Nummerierung gekennzeichnet) stützen, indem gezeigt

A. Staudacher, C. S. Widdau, *Pazifismus – Ausweg in einer Welt voller Kriege?*, #philosophieorientiert,
https://doi.org/10.1007/978-3-662-72847-5_4

wird, welche Argumente gegen Alternativpositionen zum Pazifismus, insbesondere gegen die LgK, sprechen sollen. Die meisten dieser Argumente sind so allgemein gehalten, dass sie sowohl den absoluten als auch den relativen Pazifismus stützen würden. Eines, ein allumfassendes und kategorisches Tötungsverbot, später als (D4) bezeichnet, stützt allerdings nur eine bestimmte Version von absolutem Pazifismus.

Betrachten wir zunächst Argumente, die direkt für den (absoluten und relativen) Pazifismus sprechen sollen. Im Wesentlichen lassen sich fünf unterschiedliche Gesichtspunkte festhalten, an denen diese Argumente anknüpfen können:

(D1) Der Pazifismus propagiert den fast von allen geteilten Wert der allgemeinen Friedfertigkeit, der noch dazu mit offensichtlichen positiven Folgen einhergeht, die kaum jemand bestreiten wird (sowohl deontologisch als auch konsequentialistisch motiviert).
(D2) Nur der Pazifismus ermöglicht es, den ewigen Kreislauf der Gewalt zu durchbrechen.
(D3) Konsequentialistische Überlegungen: Am Ende ist es besser, sich unterwerfen zu lassen als tot zu enden.
(D4) Deontologische Überlegungen: Das menschliche Leben als höchstes moralisches Gut darf weder genommen noch gegen andere Güter verrechnet werden. In jedem Fall ist es daher besser, auf Gegenwehr zu verzichten als sie auszuüben, selbst dann, wenn dies das eigene Leben kostet.
(D5) Deontologische Überlegungen, die speziell dann greifen, wenn es um Töten und Gewalt im größeren Ausmaß geht, wie es für Kriege, insbesondere moderne Kriege, typisch ist.

Zur Kritik der direkten Argumente für den Pazifismus

Was (D1) betrifft, so dürfte der Wert allgemeiner Friedfertigkeit (mit Ausnahme der Bellizisten, die Krieg und Gewalt per se etwas Positives abgewinnen können) nicht kontrovers sein. Probleme ergeben sich erst, wenn man in Betracht zieht, dass sich nicht immer alle friedfertig verhalten werden. Ist es auch unter dieser Voraussetzung stets besser, auf militärische Verteidigung zu verzichten? Und ist es dann auch besser, auf Abschreckung im Vorfeld zu verzichten, die signalisiert, dass man bereit ist, zur Selbstverteidigung und Abwehr von Gewalt selber Gewalt einzusetzen? Die Diskussion dieser aus unserer Sicht entscheidenden Fragen soll den Schlussstein unserer Auseinandersetzung mit dem Pazifismus als ethischer Konzeption bilden (s. Abschn. 4.4). Was wir hier zu sagen haben, betrifft auch (D5) und den ersten Gesichtspunkt der indirekten Überlegungen zugunsten des Pazifismus (I1), auf den wir noch zu sprechen kommen (s. Abschn. 4.3), sodass all diese Punkte erst am Ende zusammen verhandelt werden. Zudem wird dort auch eines der theoretisch anspruchsvollsten, neueren Argumente für eine Form von relativem Pazifismus betrachtet – Holmes' subtile und komplexe Argumentation für seine Version des „pragmatischen Pazifismus". Unserer Kenntnis nach hat diese Argumentation bislang kaum (im deutschen Sprachraum sogar gar nicht) die kritische Würdigung erfahren, die sie verdient. Allerdings, das können wir jetzt schon sagen, hat sie uns letztlich nicht überzeugt.

Zunächst wollen wir eine Reihe weiterer, ebenfalls wichtiger Punkte und Argumente erörtern, die sich im Zusammenhang mit (D2)–(D4) ergeben. Dabei werden wir wichtige Ergebnisse für die zentrale Abschlussdiskussion in diesem Kapitel sammeln.

Zu (D2): Den Kreislauf der Gewalt beenden

Was den von Tolstoi, Gandhi und King betonten Punkt (D2) betrifft (vgl. Tolstoi 2023, S. 59; Gandhi 2011, Bd. 4, S. 115; King Jr. 1957; King Jr. 2012, S. 49 zit. nach Fiala 2023a, S. 34–35), so lebt er natürlich ganz entscheidend von der Voraussetzung, dass andere allein deshalb auf Gewalt verzichten werden, weil man selbst darauf (wie sogar auf entsprechende Abschreckungsmaßnahmen) verzichtet. Entsprechend lässt sich diese Auffassung auch bei diesen Autoren finden. Genaugenommen vertreten sie drei Thesen: einmal die These, dass sich der Kreislauf der Gewalt durch Gewaltverzicht durchbrechen lässt. Zum anderen die These, dass dies das einzige brauchbare und erfolgversprechende Mittel dazu ist. Und schließlich die These, dass nur diese Form von Gewaltverzicht auch zu einem nachhaltigen und dauerhaften Ende von Gewalt führen kann. Es sind insbesondere die zweite und die dritte These, die für eine pazifistische Position von zentraler Bedeutung sind; denn auch diejenigen, die den Einsatz von Gewalt manchmal für ein probates und unabdingbares Mittel halten, können ja durchaus einräumen, dass in manchen Situationen ein Gewaltverzicht das Gebot der Stunde ist, um zu einem Frieden zu gelangen bzw. ihn zu erhalten. Damit (D2) den Pazifismus gegenüber anderen Positionen auszeichnet, muss also auch von der zweiten und dritten These ausgegangen werden.

Häufig findet man in der pazifistischen Literatur eine anthropologische oder auch psychologische These der folgenden Art: Der Mensch ist eigentlich grundsätzlich ‚gut', insbesondere reagiert er auf Friedfertigkeit ebenfalls friedfertig; die Spirale der Gewalt lässt sich so und zwar nur so dauerhaft durchbrechen. Wenn man „Böses mit Gutem vergilt" (Gandhi 2011, Bd. 4, S. 115) und zwar auf die richtige Weise, die nicht einfach „feige", angsterfüllt oder bloß passiv sein darf, sondern von einer positiven Haltung vis-à-vis dem Gegenüber getragen ist, wirkt das gewissermaßen buchstäblich entwaffnend. Dementsprechend gibt Gandhi den im Nationalsozialismus verfolgten Juden folgenden Ratschlag: „Habe ich nicht wiederholt gesagt, dass aktive Gewaltfreiheit unverfälschte Liebe – mitmenschliche Sympathie – ist? Und wenn die Juden, anstatt hilflos und gezwungenermaßen gewaltlos zu sein, eine aktive Gewaltfreiheit annähmen, d. h. bewusst mitmenschliche Sympathie den nichtjüdischen Deutschen entgegenbrächten, können sie den Deutschen keinen Schaden zufügen, und sie werden auch das steinernste deutsche Herz zum Schmelzen bringen, da bin ich so sicher, wie ich diese Zeilen diktiere" (ebd., S. 321).

In der anthropologischen Version ist die These mit weitreichenden Annahmen über die Natur des Menschen verknüpft, die psychologische beschränkt sich hingegen darauf, wie sich Menschen faktisch in bestimmten Situationen verhalten. Grundsätzlich leiden Thesen über die Natur des Menschen allerdings daran, dass sie kaum ohne weitreichende und anfechtbare metaphysische Annahmen zu verteidigen sind. Man muss sich hier auf Aussagen der Art festlegen wie die, dass der Mensch „von seinem Wesen her", d. h. notwendigerweise, bestimmte Merkmale aufweist. Notwendige Merkmale des Menschseins müssen Menschen stets besitzen, um überhaupt als Mensch gelten zu können, sodass Menschen sie daher nicht verlieren können. Nur wie will man herausfinden, ob es solche Merkmale gibt und welche das sind? Psychologische Beobachtungen über das Verhalten von Menschen stellen ja lediglich Tatsachenfeststellungen dar: Man hat beobachtet, dass Menschen in den und den Situationen das und das tun. Das reicht aber niemals zur Stützung der Behauptung aus, dass sie sich notwendigerweise so verhalten müssen und gar nicht anders können, sondern eben nur zu der Feststellung, dass sie sich in den beobachteten Situationen in einer bestimmten Weise verhalten haben. Es ist nicht immer klar, ob die These bei Gandhi und anderen die stärkere anthropologische Lesart oder nur die schwächere psychologische voraussetzt. Es dürfte klar sein, dass ein himmelweiter Unterschied besteht zwischen der These, dass der Mensch von seinem Wesen her ein Herz besitzt, das man durch „unverfälschte Liebe – mitmenschliche Sympathie – zum Schmelzen" bringen kann, und der These, dass sich menschliche Herzen ab und an, aber nicht stets, auf diese Weise erweichen lassen. Zum Beleg seiner These kann Gandhi lediglich auf bestimmte persönlich erlebte Einzelfälle verweisen, etwa, dass er im Gefängnis in Südafrika von den Wärtern umso freundlicher behandelt wurde, je freundlicher er sich selber gab (vgl. ebd., S. 115). Dass Menschen ab und an so reagieren, reicht aber für eine überzeugende Begründung von (D2) sicherlich nicht aus.

Zudem spricht auch wenig dafür, dass es zu den zahlreichen barbarischen Gewaltausbrüchen gegen ganze Gruppen von Menschen in der Geschichte der Menschheit nur deshalb gekommen ist, weil diese Menschen sich nicht ausreichend darauf verstanden haben, Böses mit Gutem zu vergelten. Im Einzelnen lassen sich hier drei unterschiedliche Probleme festhalten:

1. Problem: Wie will man unter Zugrundelegung von (D2) einleuchtend erklären, wie es zu Kriegen kommt? (D2) scheint uns auf die wenig plausible Annahme festzulegen, dass dies *ausschließlich der eigenen* aktuellen bzw. potenziellen Gewaltbereitschaft geschuldet ist. Aggressoren hätte man ja durch das demonstrative Vergelten ihrer Aggression mit gutem, friedfertigem Verhalten stets besänftigen können. Zahllose historische Beispiele deuten eher darauf hin, dass Aggressoren sich häufig genug von bestimmten egoistischen Interessen leiten lassen wie dem an Herrschaft über Land und Ressourcen, und sich dabei wenig von der Haltung ihrer Opfer beeindrucken lassen. Der Umstand, dass Länder wie Luxemburg mit seiner unbewaffneten Neutralität im Zweiten Weltkrieg dem Machtstreben Nazi-Deutschlands keinen militärischen Widerstand entgegengesetzt haben, hat nicht dazu geführt, dass sie nicht erobert oder überrollt wurden. Gandhi macht, wie wir bereits gesehen haben, deutlich, dass es nicht einfach nur auf Gewaltverzicht ankommt, sondern auf die Haltung, aus der er heraus praktiziert wird: Wichtig ist für ihn nämlich, dass die Gewaltlosigkeit kein Resultat von Feigheit und Schwäche ist wie bei einer Maus angesichts einer Katze, sondern aus einer inneren Haltung der Stärke kommt (vgl. ebd., S. 116–117). Er lässt sich sogar zu folgender Bemerkung hinreißen: „Wenn die Wahl zwischen Gewalttätigkeit und feiger Flucht zu treffen ist, ziehe ich die Gewalt vor“ (ebd.). Da sich Gandhi darüber im Klaren ist, dass von Mut getragene Gewaltlosigkeit als „der Gipfel der Tapferkeit“ (ebd.), schwer durchzuhalten ist, gelangt er in diesem Kontext zu der erwähnten Aussage, wonach der Pazifismus nicht unbedingt eine Haltung für alle sein kann.

Dass die richtige Haltung alles ändern wird, scheint aber ebenfalls empirisch wenig einleuchtend. Bei vielen Kriegsverbrechen und schweren Verbrechen gegen die Menschlichkeit kümmert die Täter die Haltung der Opfer wenig. Geradezu emblematisch führt dies jener berühmte Kurzdialog vor Augen, den der jüdische, nach Auschwitz verschleppte Schriftsteller Primo Levi in seinem autobiografischen Roman *Ist das ein Mensch?* wiedergibt: Levi greift aus unerträglichem Durst heraus nach einem Eiszapfen vor dem Fenster, ein Wachmann schlägt ihm diesen aus der Hand, und auf Levis Frage „Warum?“ antwortet dieser einfach nur: „Hier ist kein Warum“ (Levi 2010, S. 27). Selbst wenn man dieses Verhalten als eine pathologische Ausnahme abtun will (wofür angesichts der teils aktuellen, teils wenige Jahre zurückliegenden Ereignisse in Ruanda, in Darfur und im Nahen Osten wenig spricht), so muss man doch berücksichtigen, dass durch technische Entwicklungen im Krieg von heute die Voraussetzungen dafür, möglichen Aggressoren unmittelbar mit Güte zu begegnen, zunehmend schwinden: Der Pilot, der eine Bombe auf eine Stadt abwirft, der Soldat, der eine Drohne aus tausenden Kilometern Entfernung steuert, bekommt von seinen Opfern ggf. gar nichts mehr mit, was ihn umstimmen könnte.

Zudem stellt sich die Frage, wie in einer Welt, in der pazifistische Prinzipien ganz offensichtlich nicht allgemein handlungsleitend sind, längere friedliche Phasen zu erklären sind. Viel spricht dafür, dass es auch andere Motive und Gründe für Friedfertigkeit gibt als die Verpflichtung auf pazifistische Prinzipien. Friedliche Phasen lassen sich auch dadurch erklären, dass sich potenziell in Konflikt stehende Staaten durch die Kombination aus funktionierender Abschreckung und Genuss der offensichtlichen Vorteile friedlicher Koexistenz von Kriegen gegeneinander abhalten lassen. Es spricht vieles dafür, die langanhaltende friedliche Phase in Europa nach dem Zweiten Weltkrieg trotz Spaltung in Ost und West auf diese Weise zu erklären. Dabei dürften die maßgeblichen politischen Entscheider auf beiden Seiten sicherlich nicht pazifistisch, ja häufig nicht einmal moralisch gedacht haben, sondern eher vom Realismus geprägt gewesen sein.

An diesem Punkt kann man von pazifistischer Warte aus allerdings die zuvor genannte dritte These ins Spiel bringen: Ein echter, dauerhafter und ewiger Friede lässt sich so nicht erreichen. Das mag sein. Vielleicht erfordert ein ewiger Frieden tatsächlich ein viel engagierteres Hinarbeiten auf eine Welt, in der Gewalt als Mittel der Auseinandersetzung dauerhaft geächtet ist, in der alle vollständig abgerüstet haben und es kein Militär mehr gibt. Die Frage ist aber, ob man jetzt schon in einer Welt, in der nicht alle mitmachen, mit solch einer Haltung vorangehen sollte (dazu die Diskussion unten zu [D1], [D5] und [I1] und hier zum 3. Problem von [D2]).

2. Problem: Es reicht nicht, dass einige, viele, ja sogar die Mehrheit der Menschen in diesem Sinne ‚gut' bzw. friedfertig sind, es müssen *so gut wie alle* sein. Auch das erscheint empirisch betrachtet wenig plausibel. Diese Beobachtung macht übrigens auf einen wichtigen Umstand aufmerksam:

Man kann demnach durchaus zugestehen, dass demonstrative Friedfertigkeit angesichts gewalttätiger Attacken mitunter durchaus die von Gandhi und anderen behauptete Wirkung erzielen kann, nur reicht dies eben nicht aus, um einen generellen Verzicht auf gewalttätige Gegenwehr zu begründen.

3. Problem: Es reicht für eine Rechtfertigung der These, dass aktuell auf jede gewalttätige Gegenwehr verzichtet werden sollte, auch nicht aus, dass alle Menschen im Rahmen eines längeren Entwicklungsprozesses *künftig* so friedfertig *werden könnten*, dass Gewaltbereitschaft und Abschreckung oder gar der Einsatz von Gewalt überflüssig wird. Schließlich geht es darum, wie sie *hier und heute* sind. Die Haltung, auf künftige universelle Friedfertigkeit durch einen entsprechenden Entwicklungsprozess zu setzen, ist ja im Prinzip damit verträglich, dass man aktuell Armeen unterhält und ggf. sogar Kriege führt. Ein wichtiges Nebenergebnis dieser Überlegung lautet, dass derjenige, der gewalttätige Gegenwehr unter den gegebenen Bedingungen zulässt, seinerseits nicht auf eine metaphysische oder anthropologische These festgelegt ist, wonach die Menschheit ‚von Natur aus' immer gewalttätig sein wird und es immer Kriege geben wird. Diese These stößt auf ähnliche Schwierigkeiten wie die These, dass der Mensch ‚von Natur aus' gut ist. Sie wird auch nicht durch die empirisch-historische Beobachtung gestützt, wonach es stets und überall Kriege gegeben hat; denn schließlich konnte die Jahrtausende fast allgegenwärtige Praxis der Sklaverei ja auch zumindest in einigen Weltgegenden beendet werden. Und dass man Frauen politische Rechte einfach vorenthalten kann und soll, galt lange Zeit als unangefochtenes Dogma, das mit Verweis auf angebliche Wesensmerkmale der Geschlechter gerechtfertigt wurde; unbegründet, wie wir heute wissen. Entsprechend hat sich unsere Praxis weitgehend gewandelt. Wer unter den gegenwärtigen Bedingungen die Option auf den Einsatz von militärischer Gewalt nicht aufgeben will, muss nur anerkennen, dass die Menschheit oder ein auch nur hinreichend großer Teil von ihr *jetzt* zu Gewalt und Krieg fähig und bereit ist, ohne sich dabei auf fragwürdige Annahmen zur Natur des Menschen einzulassen.

Zu (D3): Lieber Knechtschaft als Tod?

Was (D3) betrifft, wonach es aus konsequentialistischen Gründen besser sein soll, sich unterwerfen oder gar versklaven zu lassen als tot zu enden, so macht diese These natürlich eigentlich nur vor dem Hintergrund der Annahme Sinn, dass die durch (D2) empfohlene Strategie, Böses mit Gutem zu vergelten bzw. gewaltlos Widerstand zu leisten, nicht immer funktionieren wird; denn wenn diese stets funktionieren würde, wäre man ja gar nicht vor diese unangenehme Wahl gestellt.

Für (D3) scheint zunächst zu sprechen, dass Unterwerfung aus konsequentialistischen Gesichtspunkten rational ist, wenn ansonsten der sichere Tod droht. Wer unterworfen oder sogar versklavt worden ist, hat immer noch eine, wenn auch vielleicht geringe Aussicht, dass sich die Dinge einmal zum Besseren wenden könnten; eine Chance, die beim Tod natürlich nicht besteht. Vielleicht könnte man in diesem Zusammenhang auch ein deontologisch motiviertes Argument folgender Form entwickeln: Es ist immer noch besser, überhaupt zu leben, als gar kein Leben mehr zu haben, und zwar auch dann, wenn dieses Leben von absolutem Elend gekennzeichnet ist und nicht die geringste Hoffnung auf irgendeine Besserung besteht. Entsprechend wäre es dann geboten, das eigene Leben im Rahmen der eigenen Möglichkeiten zu erhalten, selbst wenn das absolutes Elend bedeutet. Wir werden angesichts von (D4) kritisch auf die Frage zurückkommen, ob man dem Leben solch einen absoluten Wert zuschreiben sollte.

Das Problem an dieser Verteidigung von (D3) ist, dass die Alternativen nicht ganz korrekt dargestellt worden sind: Überlegungen dieser Art setzen ja voraus, dass *stets* der sichere Tod die Alternative zu Unterwerfung ist. Wer sich aber mit Gewalt zur Wehr setzt, riskiert zwar den eigenen Tod, muss ihn aber nicht zwangsläufig erleiden. Zudem kann, wer Gewaltbereitschaft zeigt, mögliche Angriffe auf die eigene Unversehrtheit und Freiheit im Vorhinein abschrecken. Schlussendlich ist gar nicht klar, dass bei Verzicht auf gewalttätige Gegenwehr nur Unterwerfung und Versklavung die Folgen sein können, man muss, wie die Geschichte der Menschheit leider zur Genüge zeigt, auch mit Ermordung und Vernichtung (ggf. als Folge von Versklavung gemäß dem grausamen Konzept „Vernichtung durch Arbeit") rechnen. Diese ihrerseits konsequentialistisch motivierten Einwände gegen (D3) verpflichten einen natürlich nicht dazu, in jeder nur denkbaren Situation Widerstand mit Gewalt zu leisten. Manchmal (nicht immer) mag das womöglich so aussichtslos sein, dass es immer noch besser ist, sich zu unterwerfen.

Es ist allerdings auch eine deontologisch motivierte Replik auf (D3) denkbar, die ggf. nicht über den gerade genannten Spielraum verfügt. Demnach bedeuten Unterwerfung und der Verlust von Freiheit ein Leben, das so unwürdig ist, dass man den Tod vorziehen sollte. Man hat dann nicht nur ein Recht zur Gegenwehr mit Gewalt, sondern ggf. sogar eine unbedingte Pflicht dazu. Wer sich mit Blick auf die Konsequenzen ausrechnet, dass sich Unterwerfung am Ende auszahlt, würde demnach moralisch falsch handeln. Doch dies ist aus dem bereits genannten Grund nicht besonders plausibel, wonach man, so lange man lebt, immer noch Aussicht auf eine Verbesserung seiner Situation hat.

Einen ganz anderen deontologischen Gesichtspunkt, den man statt zur Kritik an (D3) zu dessen Stützung verwenden könnte, bringt Gandhi ins Spiel (womit er implizit natürlich die Möglichkeit einzuräumen scheint, dass seine Strategie, Böses mit Gutem zu vergelten, nicht immer von Erfolg gekrönt ist), wenn er von der „Schönheit des Leidens ohne Vergeltung“ schwärmt (ebd. S. 321). Was kann damit gemeint sein, wenn man die Rede von „Schönheit“ in einem dezidiert moralischen und nicht in einem ästhetischen Sinn verstehen will? Vermutlich wird auf die Hochachtung angespielt, die einem Leidensbereitschaft abringen kann, zumal wenn sie aus selbstloser Prinzipientreue erfolgt, und zwar insbesondere in Situationen, in denen kein Erfolg gewährleistet ist. Gandhis Überlegung lässt sich hier auf den ersten Blick auf folgende Weise intuitiv unterstützen (ohne zu beanspruchen, Gandhis eigene Intuition zu rekonstruieren): Ist es moralisch nicht durchaus positiv zu bewerten, auf die Durchsetzung der eigenen moralischen Rechtsansprüche zu verzichten, wenn diese einem unrechtmäßig genommen wurden? Verhält man sich mithin nicht moralisch lobenswert, wenn man nicht nur nicht für sich alles geltend macht, was einem zusteht, also auf seinen entsprechenden Rechten nicht beharrt, sondern großzügig darüber hinwegsieht, wenn sie in bestimmten Situationen von anderen verletzt werden, etwa, wenn der Nachbarsjunge unberechtigterweise in den eigenen Garten einsteigt und Obst stiehlt? Solch ein Fall hat hier womöglich sogar eine gewisse Ähnlichkeit mit Fällen, in denen man jemandem unter Inkaufnahme von Verlusten hilft, auch wenn es moralisch gar nicht geboten ist. Beides ist Ausdruck einer gewissen Selbstgenügsamkeit und einer Bereitschaft zum Verzicht, die dem gedeihlichen sozialen Miteinander förderlich sein kann.

Abgesehen davon, dass solch ein Verhalten auch die moralisch *negative* Folge haben kann, dass es sehr leicht zu moralischem Fehlverhalten anderer einlädt, die solche Situationen ausnutzen, muss man sich mit Blick auf den Verzicht auf gewalttätige Gegenwehr fragen, ob dies moralisch wirklich eine so gute Sache ist, wenn die eigene Unversehrtheit, elementare persönliche Freiheiten oder gar das eigene Leben bedroht sind. Ist es auch dann moralisch gesehen besser, auf Widerstand zu verzichten? Das scheint wenig plausibel. Selbst wenn man es in bestimmten Fällen für die moralische Beurteilung einzelner Individuen irgendwie einleuchtend finden mag, wenn sie auf elementare Rechte verzichten, so ist doch mehr als fraglich, ob diese Sichtweise überzeugen kann, wenn es um Gruppen und Gesellschaften wie Staaten geht, die für bestimmte politische und kulturelle Errungenschaften stehen und in denen eine Verantwortung für Kinder und andere Personen besteht, die zu schützen man verpflichtet ist. Damit scheint klar, dass sich der Pazifismus unter Rückgriff auf (D3) nicht überzeugend verteidigen lässt.

Zu (D4): Leben als höchstes moralisches Gut

Als nächstes wollen wir die in (D4) angesprochenen deontologischen Überlegungen zugunsten des Pazifismus eingehender erörtern. Demnach gilt, dass das menschliche Leben als höchstes moralisches Gut niemandem genommen werden und daher auch nicht mit anderen Gütern verrechnet werden darf. In jedem Fall wäre es daher besser, auf Gegenwehr zu verzichten als sie auszuüben, selbst wenn dies das eigene Leben kosten sollte. So formuliert, wäre nicht einmal individuelle Selbstverteidigung erlaubt, wenn der Angreifer dabei zu Tode kommen könnte. Mit „individueller Selbstverteidigung" sind hier Fälle gemeint wie der, dass man als Individuum aktuell bedroht wird oder unmittelbar einem gewalttätigen Angriff ausgesetzt ist, etwa nachts alleine auf einer dunklen Straße. Miteinschließen kann man aber auch den Fall, in dem man Personen verteidigt, die einen in solch einem Kontext begleiten, etwa die eigenen Kinder, für deren Schutz man eine gewisse Verantwortung trägt oder aber auch andere Erwachsene, denen man zur Hilfe eilt. All das kann man als Formen von individueller Selbstverteidigung ansehen, die sich von Kriegen und Militäreinsätzen klar unterscheiden lassen.

Im Prinzip ist denkbar, dass sich dieses Tötungsverbot aus einem noch umfassenderen Verbot jeglicher Form von Gewaltanwendung ergibt. In diesem Fall käme es gar nicht so sehr auf einen besonderen Wert des Lebens als höchstem moralischen Gut an, sondern darauf, dass Gewaltanwendung stets etwas moralisch Schlechtes darstellt. Solch ein Standpunkt wird in der philosophischen Pazifismus-Debatte eher selten mit aller Konsequenz vertreten, aber die Art und Weise, wie Tolstoi jene berühmte Passage aus der Bergpredigt (vgl. Mt 5:39) aufgreift, wonach man, wenn einen jemand auf die rechte Wange schlägt, ihm auch die andere Wange hinhalten soll, legt dies zumindest stellenweise nahe (vgl. Tolstoi 2023, S. 97, 238, 297); tendenziell, wenn auch nicht durchgängig, wie wir gesehen haben, lässt sich solch eine Sichtweise auch bei Gandhi finden; auch das oben angeführte Zitat von Wecker deutet klar in solch eine Richtung.

Wenn sich allerdings zeigen lassen sollte, dass es schon kein überzeugendes Argument dafür gibt, stets und prinzipiell auf gewalttätige Selbstverteidigung zu verzichten, die zum Tod des Angreifers führen kann, dann kann natürlich auch kein noch weiterreichendes Gewaltverbot gerechtfertigt sein, welches jegliche gewalttätige Gegenwehr ohne Todesfolge verbietet. Unberührt bleibt davon, dass es faktisch häufig die beste Option sein kann, auf jegliche Gewaltanwendung zu verzichten, auch wenn man direkt angegriffen wird. Es kommt jetzt auch nicht auf den bereits erörterten Punkt an, ob man stets besser fährt, wenn man auf Gewalt verzichtet bzw. wenn man „Böses mit Gutem vergilt". Es geht nur um die Frage, ob sich ein absolutes Tötungsverbot ethisch rechtfertigen lässt. Wie bereits bei der Formulierung von (D4) angedeutet wurde, muss dies eine deontologische Rechtfertigung sein. Aus konsequentialistischer Sicht könnte sich zwar rein theoretisch, aber wohl kaum praktisch ergeben, dass es stets besser ist, auf Gewalt zu verzichten. Man könnte dies z. B. damit versuchen zu begründen, dass die Folgen von Gewaltanwendung oft zu einem schlechteren Ergebnis führen und allemal schwierig abschätzbar sind (vgl. dazu Singer 2013, S. 479–480); ein kategorisches Verbot von Gewalt lässt sich daraus aber nicht ableiten.

Bevor wir die Frage nach der moralischen Legitimität von gewalttätiger Selbstverteidigung angehen, wollen wir noch klären, für welche Formen von Pazifismus ein generelles Tötungs- oder gar ein generelles Gewaltverbot überhaupt die Grundlage bilden kann. Oben in unserer Übersichtsgrafik wurde zwischen absolutem und relativem Pazifismus unterschieden. Relative oder kontingente Pazifisten sehen wenigstens hypothetische, wenn auch aktuell keine Möglichkeiten, unter denen ein Krieg moralisch erlaubt sein könnte. Damit geht natürlich einher, dass ein absolutes Tötungsverbot angesichts dieser hypothetischen Gegebenheiten nicht gelten kann. Daher können und werden sie sich auch nicht auf (D4) berufen und stellen auch ein Recht zur individuellen Selbstverteidigung mit Gewalt nicht in Frage (vgl. Fiala 2023a, S. 12–15; Holmes 2017, S. 265–266). Für sie ist zentral, dass es in modernen Kriegen zu einer Enthemmung von Gewalt und Grausamkeiten kommt, die auch zahlreiche Unbeteiligte trifft, von denen man kaum sinnvoll sagen kann, dass sie Angreifer sind, gegen die man sich verteidigen will. Sie werden ihre Überlegungen daher auf (D1)–(D3), (D5) oder die indirekten Argumente für den Pazifismus stützen.

Bleibt also noch der absolute Pazifismus. Diese Position kann, anders als die zuvor genannten Versionen des Pazifismus, auf ein kategorisches Tötungs- oder Gewaltverbot festgelegt sein, muss es aber nicht. Hier hängt wieder alles daran, ob nur Kriege mit ihren eigentümlichen Merkmalen kategorisch abgelehnt werden, oder jegliche Form von Gewaltanwendung, zumal, wenn sie jemandes Tod zur Folge haben kann. Wenn Letzteres der Fall sein sollte, sind Kriege einfach nur ein Spezialfall eines allgemeinen Tötungsverbots, welches sich auf (D4) berufen kann, falls nicht, muss die Ablehnung von Krieg, diesmal die kategorische Ablehnung von jeglichem Krieg, wie bei den anderen Pazifismus-Formen an spezifischen Merkmalen von Kriegen hängen, die von der These der absoluten Unantastbarkeit des Lebens unabhängig sind.

Welche Gründe könnte man aber für (D4) bzw. die absolute Unantastbarkeit, oder wie es auch oft heißt, die „Heiligkeit" (Glover 1990, Kap. 3; Singer 2013, 1998, Kap. 4) des menschlichen Lebens geltend machen? Leben als biologisches Phänomen zeichnet sich u. a. durch Fortpflanzungsfähigkeit, Metabolismus, Empfänglichkeit für Reize, eine gewisse Organisationsform und die Fähigkeit zur Selbstregulation bzw. Homöostase aus. Es ist schwer zu sehen, warum Leben, bloß so verstanden, moralisch absolut unantastbar sein soll, solange man dies nicht religiös begründen will. Und selbst solche religiösen Lehren wie der Jainismus sehen Leben nicht wegen der genannten Faktoren als unantastbar an, sondern deshalb, weil sie Lebewesen als beseelt auffassen (vgl. Gorisse 2024). Würde die Unantastbarkeit bloß am Leben im biologischen Sinne hängen, wäre jedes Bakterium, jeder Einzeller, jede Flechte allein deshalb gleichermaßen schützenswert wie ein Mensch. (Es soll hier nicht ausgeschlossen werden, dass bestimmte Formen von tierischem Leben besonderen oder vielleicht sogar den gleichen Schutz wie menschliches Leben verdienen. Diese Frage liegt jedoch jenseits unseres Themas.) Wenn es aber nicht auf biologische Merkmale wie Metabolismus ankommt, worauf dann? Einfach zu sagen, dass menschliches Leben heilig ist, weil es das Leben *von Menschen* ist, wirkt ebenfalls willkürlich, wenn man sich nicht an bestimmten religiösen Vorstellungen orientieren will, wonach Gott dem Menschen eine bestimmte Sonderstellung verliehen hat und außerdem nur er selbst menschliches Leben geben und nehmen darf. Wie könnte man das Leben dann aber noch ethisch als unantastbar auszeichnen?

Auch wenn Leben als rein biologisches Phänomen allein, wie wir gerade sahen, nicht ausreichend dafür sein kann, dass ein Wesen einen besonderen moralischen Status besitzt, so spielt der Umstand, dass man lebt, ganz offensichtlich insofern eine wichtige Rolle bei der Beurteilung von moralischen Fragen, als sein Besitz die Voraussetzung dafür ist, dass die meisten anderen (wenn nicht sogar alle) Faktoren, denen in der Ethik ein Wert beigemessen wird, überhaupt zum Tragen kommen können. Wer nicht am Leben ist, hat auch nichts von Gerechtigkeit, Wohlergehen, freien Entfaltungsmöglichkeiten usw. Dass einem an diesen Dingen gelegen sein kann, hängt wiederum davon ab, dass man über ein Bewusstsein verfügt, eine Konzeption von sich selbst und der eigenen Zukunft besitzt usw. – alles Dinge, für die Leben nach allgemeinem Dafürhalten bei natürlichen Lebewesen eine notwendige, wenn auch nicht hinreichende Voraussetzung ist. Welchen dieser Faktoren welches Gewicht zukommt und wie sie genau zu verstehen sind, führt unmittelbar zu Fragen wie denen, ob z. B. Abtreibung, Sterbehilfe und Suizid moralisch problematisch sind oder nicht. Diese Fragen sind in der Philosophie intensiv und kontrovers diskutiert worden, müssen hier aber nicht erörtert werden. Nicht auszuschließen ist allerdings, dass bestimmte Versionen von absolutem Pazifismus mit kategorischem Tötungsverbot sich dann auch angesichts dieser Fragen in bestimmter Weise festlegen müssen.

Kann man aus dem Umstand, dass das Leben als rein biologisches Phänomen im erläuterten Sinn Vorbedingung für moralisch Relevantes darstellt, ableiten, dass das Leben selbst das höchste moralische Gut darstellt, und daher weder genommen noch gegen andere Güter verrechnet werden darf? Dafür spricht wenig. Zum einen folgt aus der Tatsache, dass etwas auf einer Skala den höchsten Wert darstellt, noch nicht, dass es nicht gegen anderes verrechnet, ja sogar durch anderes aufgewogen werden kann, das auf dieser Skala niedriger angesiedelt ist. So wie hinreichend viel Silber eine bestimmte Menge Gold aufwiegen kann, so könnte das Leben eines Tyrannen aufgewogen werden durch die Beseitigung des Elends all der vielen, die er unterdrückt, selbst wenn das Leben das höchste Gut unter allen Gütern darstellt. Für ein absolutes Verrechnungsgebot müssen also weitere Argumente ins Spiel gebracht werden. Bestimmte strikt deontologisch argumentierende Pazifisten werden die Idee der Verrechnung von moralischen Werten aber so oder so aus grundsätzlichen Erwägungen ablehnen, sodass unsere Überlegung noch durch weitere Argumente gegen solch einen Standpunkt gestützt werden muss. Bevor wir diese liefern, wollen wir aber noch ein anderes Argument betrachten, warum wenig dafür spricht, das Leben als höchstes moralisches Gut anzusehen. Dass Leben die Voraussetzung dafür ist, dass diese Faktoren überhaupt zum Tragen kommen können, zeigt allein nämlich noch nicht einmal, dass das Leben als solches überhaupt einen moralischen Wert hat. Folgende Analogie aus dem Bereich der Ästhetik mag dies verdeutlichen: Betrachten wir ein Gemälde, dem alle eindeutig einen hohen ästhetischen Wert zusprechen. Voraussetzung dafür, dass es das Gemälde überhaupt geben kann und damit auch einen entsprechenden Wert besitzen kann, ist, dass es eine Leinwand und Farben gibt, auf der bzw. mit denen das Bild erstellt werden konnte. Aber daraus folgt natürlich nicht, dass Leinwand und Farben für sich genommen einen bestimmten ästhetischen Wert, geschweige denn gegenüber der konkreten künstlerischen Leistung einen besonders herausragenden ästhetischen Wert besitzen. Ganz analog gilt, dass man aus dem Umstand, dass das Leben eine Voraussetzung für die Realisierung von Faktoren ist, die wir für moralisch wertvoll halten, nicht ableiten kann, dass es selber solch einen Status, geschweige denn einen besonders herausgehobenen moralischen Status besitzt.

Auf der anderen Seite ist klar, dass man dem Leben gar keinen moralischen Eigenwert zuschreiben muss, um es aus ethischer Perspektive für schützenswert zu halten, einfach deshalb, weil es die notwendige Voraussetzung dafür ist, dass die oben angedeuteten moralischen Werte eben überhaupt zum Tragen kommen können. Nicht anders sieht es bei unserer Analogie aus dem Bereich der Ästhetik aus: Wer will, dass es ästhetisch wertvolle Gemälde gibt, muss eben auch für Leinwand und Farben Sorge tragen!

Wer jemanden tötet, verhindert damit, dass dieser noch ein Leben führen kann, in dem ihm Gerechtigkeit widerfahren kann, in dem es ihm wohlergehen kann usw. Jemanden dieser Dinge zu berauben, zumal unwiderruflich, stellt nach allgemeiner Auffassung zweifellos ein moralisches Übel dar. Reicht das aber aus, um kategorisch auszuschließen, dass man sich mit Gewalt selbst verteidigen und dabei den Tod des Angreifers in Kauf nehmen darf? Das Problem ist hier ganz offensichtlich, dass in den fraglichen Situationen das eigene Leben bzw. das Leben derer auf dem Spiel steht, die man in der konkreten Situation schützen könnte und sollte. Diese Leben zählen ja nicht weniger als das eines

Angreifers. Stellt man in Rechnung, dass ein Angreifer mit Gegenwehr rechnen muss, muss er mindestens auch Mitverantwortung dafür tragen, dass sein eigenes Leben in Gefahr gerät.

Aus einer strikt deontologischen Perspektive, die die möglichen Konsequenzen von Handlungen völlig außer Acht lässt, lassen sich an dieser Stelle noch zwei Überlegungen ins Spiel bringen, denen zufolge eine Gegenwehr mit Gewalt nicht vollzogen werden sollte. Erstens: Gewaltanwendung oder gar Töten stellt stets ein moralisches Übel bzw. Unrecht dar, und es ist stets besser, Unrecht zu erleiden als Unrecht zu tun. Zweitens: Man muss strikt unterscheiden zwischen Handeln und Unterlassen; zwar führt der Verzicht auf Gegenwehr zu moralischem Übel, aber man begeht dabei dieses Übel nicht selbst, sondern unterlässt nur, entsprechend zu handeln.

Die These, wonach es besser sei, Unrecht zu erleiden als es zu begehen, ist in der Philosophiegeschichte wohl am prominentesten in Platons Dialog *Gorgias* vertreten worden, wo sie Sokrates in den Mund gelegt wird. Allerdings fußt die Argumentation dort letztlich auf einer religiös motivierten Überlegung, die auf ein System von Lohn und Strafe nach dem Tod im Jenseits abhebt (vgl. Platon 1990 Bd. 2, S. 491–495, *Gorgias* 523a ff.), was für die hier erforderliche säkulare Begründung untauglich ist. Wie könnte aber eine säkulare Begründung lauten? Hier kommen natürlich wieder die Gesichtspunkte ins Spiel, die oben unter Gandhis Formel von der „Schönheit des Leidens ohne Vergeltung" kritisch erörtert wurden. Diese Gesichtspunkte vermochten allerdings nicht zu überzeugen. Da unsere Kritik aber im Wesentlichen auf konsequentialistische Überlegungen abhob, dürfte sie strikte Deontologen wenig überzeugen. Hier muss man allerdings fragen, ob eine strikt deontologische Position, die anders als die meisten deontologischen Positionen Konsequenzen völlig außer Acht lässt, plausibel ist. Eine Moral, die sich nur an bestimmten Prinzipien orientiert, egal, wie sich die Verhältnisse in der Welt entwickeln, vermag einfach nicht zu überzeugen. Im Extremfall wäre es dann moralisch einwandfrei, in einer Welt voller Elend und Verbrechen die Hände untätig in den Schoß zu legen.

Ganz unabhängig davon scheint die Alternative „Besser Unrecht erleiden als Unrecht begehen" auch nicht richtig formuliert worden zu sein. Sollte es nicht eigentlich um die Alternative „Besser Unrecht *vermeiden* als Unrecht begehen" gehen? Stellt man die Frage so, dann ist auch aus einer strikt deontologischen Perspektive alles andere als klar, dass man sich dafür entscheiden sollte, Unrecht zu erleiden. Im Fall der Bereitschaft zur Selbstverteidigung fällt dabei dann noch zusätzlich ins Gewicht, dass man allein durch die signalisierte Bereitschaft moralisch verwerfliche Angriffe im Vorfeld vermeiden kann.

Bleibt noch zu erörtern, welche Relevanz die Unterscheidung zwischen Handeln und Unterlassen hier haben könnte. Ist es demnach nicht immer noch besser, sich töten zu lassen, als selbst zu töten? Manche Vertreter des Konsequentialismus haben geltend gemacht, dass die Unterscheidung letztlich nicht haltbar ist (vgl. Singer 2013). Auf der anderen Seite scheint es schwierig, genau zu präzisieren, in welchen Fällen man sich im relevanten Sinne durch Unterlassung moralisch schuldig macht. Sind wir stets für Konsequenzen verantwortlich, wenn es uns in irgendeinem Sinne möglich gewesen wäre, etwas zur Abwendung eines Übels zu tun, etwa, wenn wir uns nur genau genug informiert hätten? Gibt es da keine Grenze des Zumutbaren? Doch wenn es solch eine Grenze gibt, wo lässt sich diese ohne Willkür ziehen? Es scheint hier ein ganzes Spektrum von Fällen zu geben: Auch wenn man, anders als manche konsequentialistischen Kritiker der Unterscheidung, hier eine Grenze des Zumutbaren anerkennen will (vgl. Holmes 1989, S. 209–210), gibt es doch Fälle von Unterlassung, in denen die Annahme wenig einleuchtend erscheint, dass man deshalb frei sei von jeglicher moralischen Verantwortung, weil man ja gar nicht aktiv tätig geworden sei. Dazu gehören natürlich insbesondere Fälle, in denen für die Handelnden die unmittelbaren Folgen ihrer Passivität allzu offensichtlich sind. Und häufig genug dürften Situationen, in denen es um die Frage geht, ob man sich selbst oder andere gegen unmittelbare Angriffe verteidigen sollte, in genau diese Kategorie fallen. Schließlich sollte man wieder darauf hinweisen, dass eine strikt deontologische Position, die Konsequenzen gänzlich ignoriert, wenig einleuchtend ist und diesen bei der Bewertung von Handlungen ebenfalls einen Stellenwert einräumen sollte (wie es auch die meisten deontologischen Konzeptionen tun). Tut man dies, erscheint hier eine strikte Trennung zwischen Handeln und Unterlassen letztlich problematisch.

Das eigene Leben durch Unterlassung von Verteidigungsanstrengungen preiszugeben, verträgt sich zudem schlecht mit dessen angeblicher Heiligkeit. Und wer die Bereitschaft zeigt, sein Leben oder das von anderen mit Gewalt zu verteidigen, leistet am Ende womöglich einen effizienteren Beitrag zum Schutz und Erhalt von Leben, da es dadurch vielleicht erst gar nicht zu einem Angriff kommt. Unter Berufung allein auf die Heiligkeit des Lebens lässt sich also schwerlich überzeugend rechtfertigen, dass man sich lieber von einem Angreifer töten lassen soll, als Gegenwehr mit womöglich tödlichen Folgen zu leisten. Das schließt natürlich nicht aus, dass es besser, ja sogar moralische Pflicht ist, bei gewaltsamer individueller Gegenwehr einen tödlichen Ausgang nach Möglichkeit stets zu vermeiden.

Damit ist unsere kritische Erörterung von (D4) ans Ende gelangt. Es hat sich gezeigt, dass sich (D4) nicht überzeugend verteidigen lässt. Bevor wir uns den indirekten Argumenten für den Pazifismus widmen, müssen wir unsere Darstellung und Kritik allerdings noch um einen wichtigen Punkt ergänzen. Auch wenn Pazifisten wie Gandhi und King persönliche Opferbereitschaft bis zur Selbstaufgabe gepriesen haben, heißt das nicht, dass sie Verzicht auf jegliche Gegenwehr gepredigt hätten. Ganz im Gegenteil. Vielmehr haben sie Konzepte von gewaltlosem Widerstand entwickelt (Gandhis *Satyagraha*) und damit gelegentlich auch bemerkenswerte Erfolge erzielt, etwa beim Abschütteln der britischen Kolonialherrschaft in Indien oder bei der Durchsetzung von Bürgerrechten für Afroamerikaner in den USA.

4.2 Exkurs: Gewaltloser Widerstand

Wir können nur ein paar Schlaglichter auf das Konzept des gewaltlosen Widerstands sowie einige historische Beispiele werfen. Zentrale Elemente dieser Form des Widerstands sind ziviler Ungehorsam, Generalstreiks und Kooperationsverweigerung gegenüber einem Unterdrückungsapparat oder einem Unrechtssystem. Solch ein Apparat oder System ist an vielen Punkten auf die Kooperation der Bürger angewiesen und man kann beide empfindlich schwächen, wenn man diese verweigert. Beispiele für einen erfolgreichen Einsatz sind u. a. der von Gandhi angeleitete Unabhängigkeitskampf Indiens gegen die Kolonialmacht Großbritannien und die Vereitelung des Kapp-Putsches (1920) in der Weimarer Republik. Letztendlich nicht erfolgreich waren entsprechende Versuche, die Beendigung des Prager Frühlings 1968 durch die Truppen des Warschauer Pakts zu verhindern, der von Ibrahim Rugova im Kosovo geführte Widerstand gegen Serbien, der letztlich in den Kosovo-Krieg mündete, und der sogenannte „Ruhrkampf" gegen die französischen und belgischen Besatzer des Ruhrgebiets (1923) (zu Gandhis Kampagne vgl. neben Gandhi 2011, Bd. 3 und 4 auch Bondurant 1965, zu Kosovo vgl. Kubo 2010, zum Kapp-Putsch, Ruhrkampf und Prag 1968 vgl. Boserup und Mack 1974).

Kurz, erfolgreich haben sich Methoden von gewaltfreiem Widerstand und zivilem Ungehorsam, wenn überhaupt, in Situationen erwiesen, in denen es darum ging, innenpolitische Veränderungen herbeizuführen oder ein Besatzungs- oder Kolonialregime abzumildern oder abzuschütteln. Dabei haben natürlich auch immer solche Faktoren wie die Stärke des Regimes angesichts bestimmter historischer Gegebenheiten wie etwa dem allgemeinen Niedergang von Kolonialimperien wie Großbritannien und Frankreich nach dem Ende des Zweiten Weltkriegs eine Rolle gespielt; ebenfalls bedeutsam dürfte gewesen sein, zu wie viel Skrupellosigkeit diese angesichts des Widerstands bereit waren. Entsprechend unterschiedlich lief der Kampf zur Dekolonisation in Indien und Algerien ab. Anders als im Fall von Großbritannien und Indien betrachtete Frankreich Algerien als integralen Teil des Landes, und anders als in Indien wurde die französische Kolonialherrschaft in Algerien erst durch einen langwierigen Befreiungskrieg beendet.

Auf der anderen Seite sucht man vergebens nach Beispielen, in denen man durch gewaltfreien Widerstand militärisch schlagkräftigen Eroberern mit einer eindeutigen Unterwerfungs- und Unterdrückungsagenda beikommen konnte. Besonders schwierig wird es, wenn diese Eroberer historische Ansprüche auf bestimmte Gebiete erheben und diese mit Fragen der nationalen Identität und angeblich nur auf diese Weise durchsetzbaren Zielen zur nationalen

Sicherheit verknüpfen. Das muss natürlich nicht heißen, dass dies stets so bleiben muss. Pazifisten verweisen in diesem Zusammenhang gerne auf den Umstand, dass deutlich geringere finanzielle und personelle Ressourcen für Methoden der friedlichen Konfliktbewältigung und -abwehr eingesetzt werden als für Militär und Rüstung (vgl. May 2015, S. 53–54; Fiala 2023b, § 3.1). Mehr Einsatz und Mittel für diese Ressourcen zur gewaltfreien Konfliktbewältigung könnten demnach ganz andere Resultate zur Folge haben als bisher. Das führt zu Fragen wie der, ob z. B. Diplomatie, die sich in den wirklich schwierigen Fällen nicht auf militärische Rückendeckung zu stützen vermag, tatsächlich nachhaltige Erfolge erzielen kann. Fiala schreibt in diesem Zusammenhang: „Das Ideal wäre hier eine Art von gewaltfreier ‚Armee', die so für die nationale Selbstverteidigung finanziert, trainiert und koordiniert wird, wie dies bei einer militärischen Ausbildung der Fall ist" (Fiala 2023b, § 3.1, eigene Übers.). Wenn solch eine „Armee" ein schlagkräftiges Werkzeug gewaltfreien Widerstands sein soll, wird sie wohl allerdings einen Großteil der Bevölkerung des betroffenen Landes umfassen müssen. Und es stellt sich die Frage, ob den Bürgern dabei nicht genau die Art von koordinierter Disziplin und sogar Befehlsgehorsam abverlangt werden wird, die von Pazifisten als unzulässige Freiheitseinschränkung bei der Wehrpflicht aufgefasst wird (s. unten die Diskussion zu [I3]). Das kann extreme, fast übermenschliche Herausforderungen bedeuten, wenn es gilt, zusammenzustehen, wenn der Eroberer durch brutale Terrormaßnahmen versucht, die gemeinsame Abwehrfront zu durchbrechen, indem etwa einzelne Kinder herausgegriffen und ermordet werden. Zudem scheint es eine gewagte Annahme zu sein, dass ein ganzes Land stets in der erforderlichen Weise gegen einen Gegner zusammensteht, ohne dass Kollaborateure ausscheren.

Die Fragen, die sich hier stellen, sind komplex und letztlich sozialwissenschaftlicher und psychologischer Natur, sodass sie sich mit den Mitteln der Philosophie kaum seriös beantworten lassen. Es ist in diesem Zusammenhang aber sicherlich nicht unfair festzuhalten, dass es, trotz unbestreitbarer Erfolge durch zivilen Ungehorsam und gewaltfreien Widerstand, noch nicht gelungen ist, ein entsprechendes Konzept zur Landesverteidigung zu entwickeln, das die angesprochenen Herausforderungen überzeugend meistern kann.

4.3 Indirekte Argumente für den Pazifismus und ihre Kritik

Wie bereits angedeutet, gibt es auch Gründe, die indirekt für den Pazifismus sprechen sollen. Dabei geht es um unhaltbare Konsequenzen von Alternativen wie der LgK:

(I1) Alternativen zum Pazifismus bedeuten zwangsläufig die *Inkaufnahme moralisch inakzeptabler Übel*: „Vergewaltigungen, Folter, die Tötung Unschuldiger, die Misshandlung von Frauen, Kinder zu Waisen machen, die Zerstörung von Eigentum, das Herbeiführen von Fluchtbewegungen und ökonomischen Verwerfungen, von medizinischen Krisen, posttraumatischen Belastungsstörungen, die Verletzung moralischer Standards, ungewollte Schwangerschaften und die Schädigung von Tieren und der Umwelt gehören in der modernen Welt unweigerlich zum Krieg als Gesamtgeschehen“ (Holmes 2017, S. 50–51, eigene Übers.). Man beachte, dass die Verurteilung dieser Übel des modernen Kriegs offenlässt, ob man sich in bestimmten Situationen mit Gewalt selbst verteidigen darf.

Individuelle Selbstverteidigung mittels Gewalt geht in der Regel nicht mit den genannten Übeln einher. Ferner ist klar, dass diese Überlegungen auch auf die Unhaltbarkeit des Realismus hinauslaufen.

(I2) Die Forderung nach der *Einheit von Mittel und Zweck*: Mit der LgK lassen sich *Zweck und Mittel* des Handelns *nicht plausibel in Einklang bringen*: Sie verlangt Bereitschaft zum Töten und sogar aktive Tötungshandlungen, um Töten zu verhindern oder zu beenden. Ist das nicht absurd? Müssen Mittel und Zweck nicht eine konsistente Einheit bilden? Dieser Vorwurf trifft ggf. auch den Realismus, sofern er grundsätzlich am Frieden interessiert ist. Der Bellizismus ist davon hingegen nicht betroffen.

(I3) *Moralisch fragwürdiger Zwang zum Wehrdienst* (und damit zum Töten sowie dazu, nicht einmal mehr entscheiden zu können, ob man sich an Tötungshandlungen oder Zerstörungen beteiligt). Dieser Einwand würde, falls triftig, auch Realismus und Bellizismus treffen.

Zur Kritik an den indirekten Argumenten für den Pazifismus

Was (I1) betrifft, so wird sich wie bei (D1) und (D5) unser abschließendes Argument in Abschn. 4.4 als zentral erweisen.

Zu (I2): Die Forderung nach der Einheit von Zweck und Mittel

Die Forderung nach der Einheit von Zweck und Mittel mag auf den ersten Blick bestechend klingen: Wie will man durch Gewalt oder Gewaltbereitschaft der Gewalt in der Welt ein Ende setzen? Ist es z. B. nicht absurd, ja geradezu widersprüchlich, Gerechtigkeit zu bewirken, indem man eine Ungerechtigkeit begeht, und Krieg zu führen, um Frieden zu schaffen (vgl. Fiala 2023a, S. 39–40)? Man möchte, dass die Menschheit aufhört, eine bestimmte Art von Handlung *h* zu vollziehen, und begeht dazu dann selber eine Handlung vom Typ *h*. Will man hier nicht zwei Dinge, die man gar nicht zusammen wollen kann? Fiala sieht hier sogar ein geeignetes Mittel, um es dem bekannten Vorwurf der Inkohärenz von Jan Narveson gegenüber dem Pazifismus mit gleicher Münze heimzahlen zu können, wonach dieser einerseits ein Recht auf Leben hochhält, aber andererseits im Zweifelsfall kein Recht darauf anerkennen will, es mit den erforderlichen Mitteln, die auch Gewalt einschließen können, zu verteidigen (vgl. Narveson 1965, 2013; Fiala 2023b, § 6.3).

Bei genauerem Hinsehen ergibt sich freilich, dass hier kein Widerspruch bestehen und nichts Irrationales im Spiel sein muss, wenn man *h* tut, damit *h* künftig nicht mehr getan wird: Nicht wenige Menschen arbeiten in jungen Jahren besonders hart und viel, um später gar nicht mehr arbeiten zu müssen. Was in der Tat zu einem Widerspruch führt: Töten *immer und überall in der gleichen Hinsicht* als schlecht ansehen, Schlechtes unter allen Umständen vermeiden wollen, aber dennoch töten wollen, um damit dem Töten ein Ende zu setzen. Man will dann das Schlechte unter allen Umständen vermeiden und will es dennoch gleichzeitig tun. Was aber, wenn das Töten ein notwendiges Übel sein sollte, um weiteres Töten zu verhindern? Dann kann es natürlich moralisch richtig oder sogar geboten sein zu töten, um dem Töten ein Ende zu setzen. Wie in Kap. 5 deutlich werden wird, beruht Wilfried Hinschs „aufgeklärter Pazifismus“ mithin genau auf der Überlegung, dass das Ziel des Pazifismus, der Frieden, sich manchmal nur erreichen lässt, wenn man bereit ist, militärische Gewalt einzusetzen.

Wo könnte dann aber noch ein Problem bestehen, wenn man die Einheit von Mittel und Zweck aufgibt? Fiala (vgl. Fiala 2023a, S. 40), der dieser Einheit große Bedeutung beimisst, verweist auf ein interessantes Zitat von Martin Luther King, wonach „Mittel und Zweck nicht voneinander zu trennen sind; denn die Mittel verkörpern das Ideal im Werden, das Ziel im Entstehen, und schließlich kann man gute Zwecke nicht durch böse Mittel erreichen, weil die Mittel den Samen und der Zweck den Baum darstellen" (King Jr. 1993, S. 110; dasselbe Bild von Samen und Baum findet sich auch in Gandhi 2011, Bd. 3, S. 132). Gandhi geht sogar so weit, dass Mittel und Zweck dasselbe seien und sich bei denen, die sorgfältig bei den Mitteln sind, das Ziel von selbst einstellen wird (vgl. Fiala 2023a, S. 34; Gandhi 1999, Bd. 89, S. 266). Die These, wonach sich das Ziel bei denen, die Sorgfalt bei den Mitteln zeigen, von selbst einstellen wird, scheint einfach eine Reprise des bereits kritisch diskutierten Gedankens zu sein, wonach man Böses nur mit Gutem effektiv aus der Welt schaffen kann. Und hilft das Bild von Samen und Baum hier wirklich weiter? Aus einem verdorbenen Samen kann kein Baum erwachsen, Zwecke können aber nur erreicht werden, wenn die Mittel dazu angemessen sind. Es ist nicht zu sehen, warum Abwehr von Gewalt mit Gewalt niemals dienlich sein können soll (zu diesem Punkt vgl. auch Kling 2023, S. 101–102). Natürlich bedeutet dies nicht, dass – wie manche Realisten es sehen – der Zweck einfach die Mittel heiligen würde. Wäre der Einwand von der Einheit von Zweck und Mittel wirklich triftig, müsste Fiala zudem seine Position aufgeben, wonach individuelle Selbstverteidigung, anders als der Einsatz von militärischen Mitteln, erlaubt sein soll. Im Grunde steht dieser Einwand nur denen zu Gebote, die von einem allumfassenden Gewaltverbot ausgehen. Diese Position wurde aber im Kontext von (D4) schon kritisch diskutiert.

Zu (I3): Wehrpflicht

Was (I3) angeht, die Problematik, dass bewaffnete Gegenwehr oder auch nur die Drohung damit beinhaltet, Menschen ggf. gegen ihren Willen zum Töten zu zwingen bzw. ihnen keine Entscheidungsfreiheit mehr zu lassen, wann sie töten oder etwas zerstören, da sie der Befehlsgewalt eines Militärkommandos unterliegen (vgl. Fiala 2023a, S. 26; Holmes 2017, S. 140; McMahan 2009, S. 119), so hängt hier natürlich alles daran, inwiefern das Recht zur militärischen Verteidigung mit entsprechenden Zwängen verknüpft sein muss. Eine Position, die für das Recht auf gewalttätigen Widerstand wie die LgK eintritt, muss nicht unbedingt eine Wehrpflicht verlangen bzw. sie kann diese mit einem Recht auf Wehrdienstverweigerung verknüpfen. Mit dem Konzept der Berufsarmee kann sich ja aus reinen Effizienzüberlegungen sogar ein realistischer Standpunkt anfreunden, dem jegliche moralische Bewertung von Kriegshandlungen fremd ist.

Solch eine Antwort steht allerdings einer deontologischen Version der LgK nicht zur Verfügung, die eine moralische Pflicht zur militärischen Gegenwehr kennt und die diese Pflicht zudem zusätzlich so hoch ansetzt, dass sie ein Recht zur Wehrdienstverweigerung übertrumpft und es entsprechend für akzeptabel hält, Personen zu zwingen, andere ohne eigene Entscheidung zu töten. Aber warum sollte man sich eine solche Position zu eigen machen, wenn man militärische Gegenwehr und Abschreckung prinzipiell für akzeptabel hält? Das scheint alles andere als zwingend und insofern ist (I3) ebenfalls zu entkräften.

Allerdings lässt sich ja vielleicht ein ganz spezifischer Fall konstruieren, in dem Vertreter der LgK kaum eine andere Wahl haben könnten, als auf Zwang zum Wehrdienst mit all seinen Konsequenzen zu setzen. Der eindeutigste und dringlichste Fall, der einem ein *ius ad bellum* gibt, ist der

Völkermord, sei es an der eigenen Gruppe, sei es an einer anderen Gruppe, der gegenüber man zur Hilfe verpflichtet ist. Wäre es nicht merkwürdig, prinzipiell von einem *ius ad bellum* auszugehen, aber im Fall von Völkermord keine entsprechende Verpflichtung zu sehen? Was heißt das dann aber für den Fall, in dem sich keine Freiwilligen finden, um den Völkermord zu beenden oder zu verhindern? Darf, ja muss man dann nicht Menschen ggf. gegen ihren Willen rekrutieren, die bei diesen Aktionen mitmachen? Auch hier könnte man immer noch darauf beharren, dass sich aus einem Recht zur Verteidigung massiv Bedrohter nie so ohne weiteres eine Pflicht zu einem Militäreinsatz ableiten lässt. Angenommen aber, man gelangt zu dem Ergebnis, dass eine moralische Pflicht zum militärischen Eingreifen besteht, kann man dies natürlich mit der These verbinden, dass diese Pflicht stärker wiegt als das Recht, den Wehrdienst zu verweigern. Man könnte dies u. a. durch folgende Überlegung versuchen zu stützen: Wenn man das Recht zur Wehrdienstverweigerung höher veranschlagt, kann nicht mehr erwartet werden, dass man selbst, falls man von einem Völkermord bedroht wird, von anderen mit allen zu Gebote stehenden Mitteln geschützt oder gerettet wird. Man müsste hinnehmen, dass man ggf. hilflos ermordet wird. Und man kann sich fragen, ob dies moralisch zumutbar ist. Umgekehrt kann man fragen, ob die Haltung, dass das eigene Recht auf Wehrdienstverweigerung so wertvoll ist, dass sein unbedingter Schutz dazu führt, dass andere ggf. hilflos ermordet werden, sich wirklich überzeugend verteidigen lässt.

Wichtig für den konkreten Diskussionskontext ist allerdings, dass man dies, wenn man militärische Gegenwehr für prinzipiell erlaubt hält, nicht zwingend so sehen muss. Man kann den Einsatz militärischer Gewalt für moralisch erlaubt halten und das Recht, den Wehrdienst zu verweigern, dennoch so hoch ansetzen, dass man niemals jemanden zum Wehrdienst zwingen darf. Insofern aber haben wir auch hier kein indirektes Argument für den Pazifismus, wonach Alternativpositionen in jedem Fall dafür plädieren müssen, Menschen gegen ihren Willen zum Töten zu zwingen.

Dessen ungeachtet bleibt allerdings richtig, dass Menschen in Kriegen, die von demokratischen Staaten mit dem Anspruch geführt worden sind, moralisch gerechtfertigt zu sein, gezwungen worden sind, Dinge zu tun, die sich moralisch nicht rechtfertigen lassen. Das gilt sicherlich auch für den Zweiten Weltkrieg, der häufig als Musterbeispiel eines Krieges genannt wird, der zumindest aus der Perspektive der Alliierten ein gerechter Krieg war. Das macht deutlich, dass die Kriterien dafür, wann und wie Krieg geführt werden darf, in der Praxis oft in moralisch höchst zweifelhafter Weise angewendet worden sind. Aber auch daraus folgt natürlich nicht, dass man sie nicht auch anders anwenden kann. Schlussendlich ist allerdings Fiala und Holmes insofern zuzustimmen (vgl. Fiala 2023a, S. 58–59; Holmes 2017, S. 50–51), als Soldaten im Krieg häufig allein dadurch schon ein Übel zugefügt wird, dass sie in Folge der Teilnahme an posttraumatischen Belastungsstörungen leiden.

Wir müssen jetzt noch (D1), (D5) und (I1) eingehender erörtern. (D1) weist auf den weitgehend unstrittigen Wert allgemeiner Friedfertigkeit und deren offensichtlicher positiver Folgen hin (nur Bellizisten müssen dies zumindest partiell in Frage stellen). (D5) besteht im Wesentlichen aus deontologischen Überlegungen, die speziell dann greifen sollen, wenn es um Töten und Gewalt im größeren Ausmaß geht, wie es für Kriege, insbesondere moderne Kriege, typisch ist. (I1) behauptet, dass Alternativen zum Pazifismus unweigerlich die Inkaufnahme moralisch inakzeptabler

Übel implizieren. Zusammengenommen führen alle drei zu der Konsequenz, dass der Pazifismus für die Verwirklichung eines unstrittigen Werts steht, während die Alternativpositionen zwangsläufig moralisch fatale Konsequenzen beinhalten. Im nächsten Schritt wollen wir dazu die oben erwähnte Argumentation von Robert Holmes für seine Version des „pragmatischen Pazifismus" betrachten, deren Ziel darin besteht, (D5) und (I1) zu begründen.

Holmes' Argumentation für (D5) und (I1)

Holmes' Argumentation ist subtil und vielschichtig. Am besten nähert man sich ihr vom Ergebnis her: Kriege müssen als komplexe Ereignisse verstanden werden, die durch die Aktivitäten *aller* beteiligten Kriegsparteien, also sowohl Angreifer als auch Verteidiger, konstituiert werden. Kriege, als solche Gesamtereignisse („whole wars") verstanden, und so, wie sie heute in der Regel ablaufen oder wie sie aller Wahrscheinlichkeit nach ablaufen würden, nämlich so, dass etliche unschuldige Zivilisten in Mitleidenschaft gezogen werden, sind demnach moralisch schlicht unzulässig. Dabei sollen nicht nur die Kriegshandlungen der Angreifer moralisch falsch sein, sondern auch diejenigen, die die angegriffene Seite zu ihrer Verteidigung ausführt (vgl. Holmes 2017, S. 267–268).

Ohne weitere Erläuterung ist allerdings kaum zu sehen, wieso dies eine sorgfältig formulierte Version der LgK in Schwierigkeiten bringen sollte: Natürlich *können* Kriegshandlungen von Verteidigern auch schwere moralische Vergehen und Kriegsverbrechen beinhalten und nicht *jede* militärische Aktivität im Rahmen einer militärischen Verteidigungsanstrengung *muss* zwangsläufig moralisch zulässig sein, aber wieso soll auch folgen, dass *keine* dieser Anstrengungen moralisch zulässig ist? Diesen nahe liegenden Einwand glaubt Holmes mit den einzelnen Schritten zu seiner Schlussfolgerung parieren zu können. Er baut seine Argumentation Schritt für Schritt auf Thesen auf, die unstrittig, gar trivial klingen, und gelangt dann durch minimale Variationen, die ebenfalls harmlos wirken, und mittels logischer Schlussketten zu seinem Ergebnis.

Wenige (zumindest keine Vertreter der LgK) werden bestreiten wollen, dass das absichtliche Töten von Personen, die dem nicht zugestimmt haben, „mutmaßlich falsch" ist (ebd., S. 236; selbst dieser Schritt wird bei Holmes noch argumentativ hergeleitet; wir erlauben uns, seine Argumentation immer dann zu vereinfachen, wenn sie dadurch im Hinblick auf strittige Punkte keinen Schaden nimmt). „Mutmaßlich falsch" heißt natürlich noch nicht, dass es tatsächlich oder in allen Fällen falsch ist. Das soll ja erst das Ergebnis der Argumentation zeigen. Dass dann auch Kriegshandlungen mutmaßlich falsch sein müssen, da sie ihrer Natur nach das absichtliche Töten von Personen, die dem nicht zugestimmt haben, beinhalten, dürfte sich ebenfalls weitgehender Zustimmung erfreuen. Schwieriger ist schon der nächste Schritt seiner Argumentation: Aus dem Umstand, dass die Kriegsbeteiligung einer Kriegspartei (in Holmes' Diktion „Krieg_1") ihrer Natur nach aus besagten Kriegshandlungen besteht, folgert er, dass diese Beteiligung ihrer Natur nach ebenfalls mutmaßlich falsch ist. Damit werden Kriegshandlungen von Angreifern und Verteidigern auf eine Stufe gestellt. Die Frage ist aber, ob der bloße Umstand, dass die Kriegshandlungen der Verteidiger das absichtliche Töten von Personen ohne deren Zustimmung darstellen, für die moralische Bewertung zu kurz greift: Die Kriegshandlungen der Verteidiger stellen ja schließlich *auch* einen Versuch der Abwehr von Gewalt und Unterwerfung dar. Da diese Handlungen insofern weitaus mehr beinhalten als besagtes Töten, ist aber gar nicht mehr unmittelbar klar, dass sie auch nur mutmaßlich falsch sind. Um das zu zeigen, bräuchte man eigentlich ein zusätzliches Argument, das Holmes an dieser Stelle allerdings schuldig bleibt. Vielleicht hat ja die Abwehr des Angriffs einen entsprechenden moralischen Wert, der die Tötungshandlungen austariert; vielleicht würde es mehr Tote geben, wenn man sich nicht wehrt, als wenn man sich wehrt. Selbst wenn man diese Fragen hier erst einmal als ungeklärt ansehen will, kann man nicht mehr einfach sagen, dass jede Form von Kriegshandlung mutmaßlich falsch ist.

Aber sehen wir uns auch noch die nächsten Schritte seiner Argumentation an: Aus der mutmaßlichen Falschheit der Kriegsbeteiligung einer Kriegspartei und dem Umstand, dass ein Krieg als ein Gesamtgeschehen (in Holmes' Diktion „$Krieg_2$") durch solche Beteiligungen mehrerer Parteien konstituiert wird, folgert er, dass dieses Gesamtgeschehen mutmaßlich falsch ist. Dieser Schritt erscheint unter folgender wenig anspruchsvoller Voraussetzung selbst im Licht unserer vorausgegangenen Kritik ziemlich plausibel: In jedem Krieg als Gesamtgeschehen wird es immer mindestens eine Partei geben, deren Handlungen als Angriffshandlungen mutmaßlich falsch sind. Und dass der Krieg als Gesamtgeschehen mutmaßlich falsch ist, wenn mindestens eines seiner Teilgeschehen mutmaßlich falsch ist, scheint nicht weniger einleuchtend als die Annahme, dass ein Apfel faulig ist, wenn ein Teil von ihm faulig ist. Kaum jemand würde solch einen Apfel kaufen wollen.

Im nächsten Schritt argumentiert Holmes, dass man, um die Mutmaßung zu entkräften, dass Kriege als Gesamtgeschehen moralisch falsch sind, zeigen müsste, dass die von *allen* Parteien begangenen absichtlichen Tötungen ohne Zustimmung der Betroffenen, zu denen es im Krieg unweigerlich kommt, letztlich gerechtfertigt sind. Dann macht Holmes geltend, dass zu Kriegen als Gesamtgeschehen zumindest in der modernen Welt zusätzlich auch noch unweigerlich all die Übel gehören, die wir bereits erwähnten: Vergewaltigungen, Folter, das Töten Unschuldiger usw., die, wie wenige bestreiten werden, natürlich allesamt mutmaßlich moralisch falsch sind. Wichtig ist zu sehen, dass Krieg als Gesamtgeschehen schon moralisch falsch wird, wenn *nur eine* Partei all diese Untaten begeht. Um nun die Mutmaßung zu entkräften, dass Kriege als Gesamtgeschehen moralisch falsch sind, müsste man auch noch zeigen, dass sich *all* diese Untaten rechtfertigen lassen. Wenig überraschend hält Holmes im nächsten Schritt fest, dass niemand bislang solch eine Rechtfertigung vorlegen konnte. Daraus schließt er dann, dass die Mutmaßung von der moralischen Falschheit von Krieg als einem Gesamtgeschehen, das in der modernen Welt all diese Untaten einschließt, nicht entkräftet wurde.

Damit hat Holmes natürlich noch nicht das erwünschte Ergebnis erreicht, dass solche Kriege moralisch unzulässig sind, sondern nur das schwächere Ergebnis, dass niemand bislang die Mutmaßung, dass sie falsch sind, erfolgreich entkräften konnte. Schwächer ist dieses Ergebnis, weil ja nicht ausgeschlossen wurde, dass jemandem dies eines Tages vielleicht noch gelingen könnte. Aus diesem Grund sieht Holmes sein Argument auch noch nicht ans Ende gelangt. Im nächsten Schritt führt er eine weitere Überlegung ein: Wenn eine Handlungsweise mutmaßlich falsch ist und niemand diese Mutmaßung entkräftet hat, dann ist damit zwar nicht klar, dass sie niemals entkräftet werden kann, aber man hat dann auch keine moralische Gewähr mehr dafür, dass man diese Art von Handlung ausführen darf, kurzum, man befindet sich moralisch gesehen *nicht auf der sicheren Seite*, wenn man Handlungen dieser Art ausführt. Holmes geht allerdings noch weiter und behauptet, dass solch eine Handlung auch moralisch *unzulässig* ist. Er wendet diese auf Handlungen gemünzte Überlegung jetzt noch auf moderne Kriege als Gesamtgeschehen an und gelangt zu dem Schluss, dass diese, da sie mutmaßlich falsch sind und diese Mutmaßung nicht entkräftet wurde, eben moralisch unzulässig sind. Das gilt zumindest so lange, bis jemand anderes gezeigt hat (vgl. ebd., S. 238). Dieses Ergebnis ist für Holmes die Quintessenz seines „pragmatischen Pazifismus". Und es soll gleichermaßen für kriegerische Aggressionen gelten, bei denen es zu keinem Krieg als Gesamthandlung kommt, weil die Gegenseite keine entsprechenden Maßnahmen ergreift (vgl. ebd., S. 238–239).

Stimmt es wirklich, dass etwas moralisch schon dann unzulässig ist, wenn etwas in moralischer Hinsicht mutmaßlich dagegen spricht und die Mutmaßung bislang nicht entkräftet wurde? Kann eine entsprechende Mutmaßung und der Umstand, dass sie nicht entkräftet wurde, wirklich *hinreichend* sein dafür, dass etwas moralisch unzulässig ist? Könnte es nicht schlicht *eine offene Frage* sein, ob man es dann tun darf? Ob eine Mutmaßung widerlegt worden ist oder nicht, hängt in wesentlichen Hinsichten von Faktoren ab, die mit Moral wenig zu tun haben, nämlich bestimmten generellen kognitiven Fähigkeiten, über die diejenigen verfügen, die über die Mutmaßung urteilen. Dabei geht es um Fähigkeiten wie die, logisch korrekt schlussfolgern zu können, relevante Gesichtspunkte entdecken zu können usw. Diese Kritik lässt sich leicht mithilfe von Beispielen illustrieren, in denen eine moralische Mutmaßung mangels Entkräftung zu moralisch fragwürdigen Verboten führt: In früheren Jahrhunderten wurde es vielerorts als mutmaßlich falsch angesehen, Frauen dieselben Rechte zuzubilligen wie Männern. Und oft genug fand sich damals auch kaum jemand, der diese Mutmaßung in den Augen der anderen überzeugend entkräften konnte. Es herrschte weitgehend Einigkeit darüber, dass sie zutreffend ist. Folgt man Holmes' Argumentation, müsste es dann zumindest damals moralisch in Ordnung gewesen sein, Frauen fundamentale Rechte vorzuenthalten.

Nun kann man die Auffassung vertreten, dass die Gültigkeit moralischer Prinzipien letztlich sowieso stets historisch bedingt ist: Was heute absolut richtig bzw. falsch ist, muss es gestern nicht gewesen sein. Im Extremfall müsste das dann auch für Kriege aller Art, Folter, Sklaverei usw. gelten. Wir müssten dann wohl auch die Idee aufgeben, dass es so etwas wie einen moralischen Fortschritt geben kann oder gegeben hat. Das wirft Fragen auf, deren angemessene Diskussion den Rahmen unserer Untersuchung sprengen würde. Womöglich ist Holmes' Schritt von nicht widerlegten Mutmaßungen zu moralischen Verboten dann aber auf eine fortschrittsskeptische Position festgelegt, die nicht auf ungeteilte Zustimmung hoffen darf.

Allerdings gibt es für Holmes einen einfachen Ausweg: Letztlich kommt es darauf an, ob wir *hier und heute* Krieg mit all dem, was dazu gehört, führen dürfen. Und letztlich kommt es immer auch darauf an, *wie stark* die Mutmaßung ist, die gegen eine bestimmte Handlungsweise spricht und wie gut diese Mutmaßung in unseren weiteren moralischen Überzeugungen und Begründungen eingebettet ist. Dass es, um es zurückhaltend auszudrücken, eine sehr starke Mutmaßung dahingehend gibt, dass z. B. Vergewaltigungen moralisch absolut unzulässig sind, und dass nicht im Entferntesten ersichtlich ist, was diese Mutmaßung entkräften könnte, dürfte demnach hinreichend dafür sein, dass sie auch moralisch unzulässig sind. Und das liegt natürlich auch daran, dass wir nicht nur eine entsprechende Mutmaßung haben, sondern auch ganz gut begründen können, wieso sie moralisch unzulässig sind. Insofern moderne Kriege unweigerlich solche Übel beinhalten, wären diese dann eben auch moralisch unzulässig.

Unser Problem mit Holmes' Argumentation ist ein anderes: Wir hatten zuvor schon gesehen, dass es alles andere als unproblematisch ist, die Kriegshandlungen der angegriffenen Partei hinsichtlich ihrer mutmaßlichen Falschheit einfach mit denen der angreifenden Partei gleichzusetzen. Dieses Problem hat sich durch den weiteren Fortgang von Holmes' Argumentation sogar noch verschärft, indem solche eindeutigen Übel wie Vergewaltigungen als unvermeidliche Ingredienzien von modernen Kriegen, als Gesamtgeschehen betrachtet, ins Spiel kamen. Denn selbst wenn solche Übel ohne Wenn und Aber zum modernen Krieg als Gesamtgeschehen gehören mögen (was man vielleicht auch noch in Zweifel ziehen könnte, wir hier aber nicht tun wollen), so folgt natürlich nicht, dass die Kriegshandlungen, die die angegriffene Partei zur Selbstverteidigung unternehmen wird, ebenfalls diese Übel beinhalten wird. Was moralisch gegen Vergewaltigungen usw. spricht, muss dann aber nicht gegen die Selbstverteidigung der angegriffenen Partei sprechen.

Zudem stellt sich die Frage, ob Akte der Selbstverteidigung, selbst wenn sie mit militärischer Gewalt einhergehen, *gerade weil* sie Akte der Selbstverteidigung sind, auch moralisch zulässig sind. Holmes unternimmt zwar den Versuch, auch diese Lücke seiner Argumentation zu stopfen (vgl. ebd., S. 267), dieser hat uns aber nicht überzeugt. Seine Strategie besteht darin, die eindeutige Trennbarkeit zwischen moralisch unproblematischen Verteidigungsanstrengungen mittels militärischer Gewalt und besagten hochproblematischen Übeln des Krieges in Zweifel zu ziehen bzw. zu unterminieren. Er hält in diesem Zusammenhang fest, dass das, „was beide Seiten [d. h. Angreifer und Angegriffene] in einem Krieg tun, falsch ist, und dass der Krieg als Gesamtgeschehen, welches das gemeinsame Produkt ihres Handelns ist, falsch ist“ (ebd., S. 268, eigene Übersetzung). Drei Gesichtspunkte sollen den abermals komplexen Gedankengang stützen, der zu diesem Ergebnis führt:

1. Kriegshandlungen lassen sich danach unterscheiden, ob sie als vermittelte Konsequenzen anderer Handlungen auftreten oder ob sie unvermittelt auftreten.
2. Die „paradoxe" Natur der Entstehung von Kriegen: Gerade so, wie zum Tango tanzen oder auch zum Duell zwei gehören, so gehören auch zum Krieg stets zwei (oder mehr) gegnerische Parteien. Das führt aber zu folgender „paradox" (vgl. ebd., S. 19–20, 267) wirkender Konsequenz: Ein Krieg ist nicht schon dann im Gange, wenn ein Aggressor kriegerische Handlungen begeht, sondern erst dann, wenn die angegriffene Partei darauf militärisch reagiert.
3. Was in einem militärischen Konflikt als bloß vermittelte Konsequenz zählt, ist keine bloße Tatsachenfrage, sondern unweigerlich von normativen und häufig auch von moralischen Urteilen durchtränkt.

Wie sieht Holmes' Versuch konkret aus, mithilfe dieser drei Gesichtspunkte die eindeutige Trennbarkeit zwischen moralisch unproblematischen Verteidigungsanstrengungen mittels militärischer Gewalt und hochproblematischen Übeln des Krieges zu unterminieren? Er fragt zunächst, ob militärische Gegenwehr auf einen Angriff als vermittelte Konsequenz anderer Handlungen oder als unvermittelt aufzufassen sei. Zunächst sieht es so aus, als ob diese Gegenwehr die vermittelte Konsequenz der Angriffshandlung sei; sie wird insofern durch den Angriff vermittelt, da sie ohne ihn gar nicht aufgetreten wäre. Im nächsten Schritt kommt dann aber 2., die paradoxe Natur der Entstehung von Kriegen, ins Spiel: Ein Krieg kommt seines Erachtens erst durch die militärische Gegenreaktion der angegriffenen Partei zustande und dies ist das Ergebnis der freien Entscheidung dieser Partei, denn sie könnte ja auch ganz anders reagieren. Damit kommt ihr aber auch schon eine Teilverantwortung für das Zustandekommen des Krieges zu:

„[D]er Rückgriff auf organisierte militärische Gewalt durch den angegriffenen Staat [verwandelt] die Aggression in einen Krieg als unmittelbare Folge. […] Der Rückgriff auf Gewalt verändert das Ereignis unmittelbar und zwar sowohl in begrifflicher als auch in moralischer Hinsicht, ohne dass ein weiteres kognitives Eingreifen erforderlich wäre. In diesem Sinne – und auch paradoxerweise – ist es der angegriffene Staat, der den Krieg ‚beginnt'. Sobald er angegriffen wird, liegt es vollständig in seiner Hand, ob es zu einem Krieg kommt oder nicht. Der Krieg beginnt in dem Moment, in dem er sich entscheidet, militärisch zurückzuschlagen und nicht auf andere Art und Weise" (ebd., S. 267, eigene Übers.).

Diese Überlegung, die im Wesentlichen von semantischen Annahmen zum Begriff des Krieges lebt, reicht aber sicherlich nicht aus, um der angegriffenen Partei Mitverantwortung an all den moralisch fragwürdigen Taten zu geben, die vom Angreifer ausgehen. Auch wenn stets zwei zum Tangotanzen gehören, kommt der Tänzerin, der vom ungeschickten Gegenüber beim Tanzen auf den Fuß getreten wird, ja schließlich nicht zwangsläufig eine Mitverantwortung dafür zu, obwohl es natürlich zutrifft, dass es weder den konkreten Tanz noch das Malheur gegeben hätte, wenn sie sich nicht aufs Tanzen mit dem ungeschickten Tänzer eingelassen hätte.

Kann Holmes' dritter Gesichtspunkt seiner Argumentation hier weiterhelfen? Es geht wie gesagt darum, ob das, was als vermittelt gilt und was nicht, von normativen oder moralischen Überzeugungen durchtränkt sein soll, sodass es sich nicht mehr um eine reine Tatsachenfrage handeln kann. Holmes führt dazu aus: „Insofern es eine normative und häufig auch moralische Frage darstellt, was als vermittelte Konsequenz einer Handlung zu gelten hat, lassen sich Urteile, die die Verantwortlichkeit dafür betreffen, wer einen Krieg angefangen hat, nicht durch eine vollständig neutrale Beobachtung der Tatsachen klären. Die angeführten ‚Tatsachen' spiegeln selber normative Urteile wider" (ebd., eigene Übers.).

Wir können Holmes beipflichten, dass es bei der Beschreibung von Kriegshandlungen häufig, wenn nicht sogar in der Regel, zu unterschiedlichen normativ und moralisch gefärbten Einschätzungen der gegnerischen Parteien, aber auch von Partei ergreifenden Beobachtern des Konflikts kommt, bei denen es um die Frage geht, welche Handlungen nicht nur als bloße Folge, sondern erst durch andere vermittelt auftreten. Er selbst versucht dies an einem Beispiel der jeweiligen Einordnung eines Konflikts zwischen den USA und der Terrorgruppe ISIS, die 2014 einige US-Bürger enthaupten ließ, zu illustrieren (vgl. ebd., Fn. 22).

Besser noch lässt sich dies unseres Erachtens am Beispiel der unterschiedlichen Beurteilungen der medial allgegenwärtigen Vorgänge im Gaza-Krieg nachvollziehen: Es wird dabei u. a. darüber gestritten, welche Verantwortung der Hamas für die Zerstörung und das Elend zukommt, das die israelische Armee über den Gazastreifen gebracht hat. Die Hamas hätte ja nicht den Anschlag vom 7.10.2023 begehen müssen, sie hätte sich nicht in Krankenhäusern und zivilen Wohngebieten verschanzen müssen, sie hätte ja die Geiseln freilassen können usw. Handlungen der israelischen Streitkräfte, die ansonsten moralisch als völlig inakzeptabel gelten würden, sollen so in einem ganz anderen Licht erscheinen: Es soll sich jetzt um legitime Verteidigungsanstrengungen handeln, an deren konkreter Ausgestaltung die Hamas eine entscheidende Mitschuld trifft. Die Gegenseite wartet wiederum mit der These auf, dass die Maßnahmen der israelischen Streitkräfte mit deren unmittelbar absehbaren Folgen das Maß einer legitimen Verteidigung längst überschritten haben, dass die Verantwortung für diese Überschreitung allein oder ganz überwiegend bei der israelischen Regierung liegt, die noch ganz andere, moralisch fragwürdige Ziele verfolgt. Ganz zu schweigen von der These einiger, wonach die Hamas letztlich einen moralisch legitimen Befreiungskampf für ein unterdrücktes Volk führt.

Wir wollen und müssen hier nicht diskutieren, welchen dieser Argumentationsmanöver man Plausibilität zubilligen kann und welchen nicht. Für unsere Diskussion ist nur wichtig, was der Umstand, *dass* in dieser Weise über Kriege diskutiert wird, für Holmes' Argumentation bedeutet. Unstrittig ist, dass Kriege typischerweise von solchen Argumentationsmanövern begleitet werden, mit deren Hilfe die jeweils andere Seite zur Mitverantwortung gezogen oder gar moralisch diskreditiert werden soll. Es ist sicherlich auch häufig nicht einfach, ohne Weiteres zu einer Einschätzung zu gelangen, die die relevanten Fakten und moralischen Bewertungen in ein angemessenes Verhältnis setzt. Aber daraus folgt nicht, dass dies unmöglich ist und sich niemals klare Fälle von moralisch legitimen militärischen Verteidigungs- und Abwehrmaßnahmen angeben lassen, und nur dann wäre Holmes' Argumentation wirklich triftig. Wenn Holmes recht hätte, dann müsste die Ukraine am Ende auch mitverantwortlich sein für das von russischen Soldaten begangene Massaker von Butscha und man müsste wohl zu einer ganz anderen Einschätzung des Zweiten Weltkriegs kommen als allgemein üblich, und die Alliierten gleichermaßen moralisch verurteilen wie Nazi-Deutschland (obwohl Holmes diesen „als komplexen Spezialfall" explizit nicht diskutieren will; vgl. ebd., S. 238). Wenn stets gelten soll, dass das, „was beide Seiten in einem Krieg tun, falsch ist" (ebd., S. 268; eigene Übers.), dann kämen wir um solch eine Einschätzung wohl kaum herum. Zudem sehen wir uns hier wieder mit einer Variante des Problems der Unterscheidung zwischen Tun und Unterlassen konfrontiert: Bürdet sich, wer einen Aggressor nicht mit den gebotenen

Mitteln abwehrt, eine Mitverantwortung auf, wenn er ihn ungehindert marodieren lässt, zumal man ihn ja ggf. sogar im Vorfeld erfolgreich hätte abschrecken können?

In einer früheren Publikation versucht Holmes jedoch, die Problematik der Unterscheidung zwischen Tun und Unterlassen mit ganz anderem Ergebnis einzusetzen (vgl. Holmes 1989, S. 209–210). Demnach müssen wir uns angesichts der Realität im Krieg letztlich fragen, ob wir moralisch berechtigt sind, Unschuldige sterben zu lassen statt Unschuldige zu töten, da letzteres auch bei Verteidigungsanstrengungen gegen einen Angreifer nicht zu vermeiden sei. Er gelangt zum Ergebnis, dass „niemand ein Recht darauf hat, von anderen gerettet zu werden", wohingegen „jeder ein *Recht* darauf hat, von anderen nicht verletzt oder getötet zu werden" (ebd., S. 210; eigene Übers.). Gäbe es erstgenanntes Recht auf Rettung, so müssten wir uns quasi bis zur Selbstaufgabe in der beständigen Hilfe für alle Armen und Hungernden engagieren. Das soll aber weit über die allgemein üblichen Erfordernisse der Moral hinausgehen, während man das vom Recht darauf, von anderen nicht verletzt oder getötet zu werden, nicht gleichermaßen sagen können soll (vgl. ebd.). Würde letzteres Recht aber tatsächlich für *alle* gelten, wie Holmes es offenbar will, dann würde es nicht nur für Unschuldige gelten, sondern auch für jegliche Sorte von Angreifern. Damit wäre natürlich auch jedes Recht zur individuellen gewalttätigen Selbstverteidigung dahin; ein Recht, welches Holmes in seiner neueren Publikation explizit nicht in Abrede stellen will (vgl. Holmes 2017, S. 265). Bleibt noch die Frage, wie es bei der Abwägung des Lebensrechts von Unschuldigen aussieht, die als „Kollateralschäden" bei der Abwehr eines Angriffs umkommen. Selbst wenn man entsprechende *Ius-in-bello*-Kriterien so eng fasst, dass zivile Opfer minimiert werden, könnte man immer noch versuchen darauf zu beharren, dass es einen Unterschied ausmacht, ob man diese selber aktiv zu verantworten hat, oder ob man andere Opfer durch unterlassene Hilfeleistung (hier militärische Abwehr) sterben lässt.

Wir haben oben allerdings schon gesehen, dass eine strikt deontologische Haltung, die nur darauf bedacht ist, sich die Hände unter keinen Umständen schmutzig zu machen, fragwürdig ist. Ferner muss man die Pflicht zur Rettung Unschuldiger nicht so auffassen, dass sie keinerlei Maß und Grenzen mehr kennt. Außerdem muss man sich fragen, ob es nicht gerade aus einem deontologischen Blickwinkel auch besondere Verpflichtungen gegenüber bestimmten Individuen gibt, für deren Schutz man verantwortlich ist. Wer das verneint, muss dann auch leugnen, dass man in solch einem Kontext etwa für das Schicksal der eigenen Kinder eine größere moralische Verantwortung trägt als für dasjenige unbekannter Zivilisten. Und natürlich läuft eine Position wie die von Holmes darauf hinaus, dass man sich um die Früchte einer erfolgreichen Abschreckung bringt. Wir kommen daher zu dem Schluss, dass Holmes' Argumentation am Ende nicht geeignet ist, (D5) und (I1) überzeugend zu stützen.

4.4 Zum Abschluss ein einfaches Argument gegen den Pazifismus

Nun werden wir ein Argument entwickeln, das genau die gegenteilige Konsequenz etablieren soll, sprich, dass es der Pazifismus ist, der zu ethisch unplausiblen Konsequenzen führt. Bei der Diskussion der einzelnen Prämissen werden wir auf eine Reihe von Überlegungen zurückgreifen können, die wir bereits angestellt haben. Da das Argument in unterschiedlichem Licht erscheint, je nachdem, ob man deontologisch oder konsequentialistisch argumentiert, müssen wir es in entsprechend unterschiedlichen Durchgängen präsentieren. Das Argument geht vom in (D1) betonten **u**nstrittigen **W**ert **a**llgemeiner **F**riedfertigkeit (UWAF) aus und lautet:

Prämisse 1 (Tatsachenbehauptung): Es verhalten sich in der Gegenwart und der überschaubaren Zukunft niemals alle friedfertig (schwächer: Es ist höchst unwahrscheinlich, dass sich ausreichend viele Leute friedfertig verhalten, sodass es zu keiner fatalen militärischen Aggression kommen kann).
Prämisse 2: Trotz (UWAF) ist einseitiger, umfassender militärischer Gewaltverzicht moralisch fragwürdig, wenn sich nicht alle (oder schwächer: ziemlich wahrscheinlich nicht ausreichend viele Leute) friedfertig verhalten.
Also: Einseitiger, umfassender militärischer Gewaltverzicht ist moralisch fragwürdig.

Das Argument folgt der logisch gültigen Schlussform des *modus ponens.* Die Schlussfolgerung muss wahr sein, wenn die Prämissen wahr sind. Das führt zu der Frage, ob die Prämissen wahr oder zumindest hochgradig plausibel sind. Wie sich zeigen wird, ergeben sich Unterschiede hinsichtlich der Prämisse 2, je nachdem, ob man das Argument deontologisch oder konsequentialistisch betrachtet.

Betrachten wir zunächst Prämisse 1, wonach – kurz gefasst – nie genügend Leute friedfertig sein werden. Pazifisten könnten das mit den anthropologischen und psychologischen Überlegungen, die hinter (D2) standen, in Zweifel ziehen. Wir haben aber schon gesehen, dass diese wenig Überzeugungskraft besitzen, zumal dann, wenn man sich, wie hier erforderlich, darauf konzentriert, wie sich Menschen hier und jetzt verhalten. Daher scheint alles für die Wahrheit von Prämisse 1 zu sprechen.

Wenden wir uns also Prämisse 2 zu, wonach ein einseitiger, umfassender militärischer Gewaltverzicht moralisch fragwürdig ist, wenn nicht alle (oder aller Wahrscheinlichkeit nach genügend Menschen) mitmachen. Dass dem so ist, ist ziemlich einleuchtend. Denn sowohl für Konsequentialisten als auch für Deontologen ist der Punkt, dass Menschen zum wehrlosen Opfer zu werden drohen, ein unstrittiges Beispiel für einen moralisch zu berücksichtigenden Gesichtspunkt.

Allerdings lassen sich pazifistische Einwände gegen diese These vorbringen: Prämisse 2 wäre dann falsch, wenn es besser ist, Unrecht zu erleiden als Unrecht zu tun oder wenn das Erleiden von Unrecht einen spezifischen moralischen Wert (Gandhis „Schönheit") aufweist. Auch bei dieser These haben wir aber bereits gesehen, dass sie nicht sonderlich plausibel ist. Triftiger ist folgender Einwand: Wenn auf moralisch schlechte *Konsequenzen* abgehoben wird, könnten die Konsequenzen im Krieg (vgl. Holmes-Zitat oben zu [I1]) nicht mindestens *genauso schlecht oder gar schlechter* sein (vgl. dazu auch Fiala 2023a, S. 18–22)? Gegenwehr garantiert ja schließlich keinen Sieg. Zudem besteht ein erhebliches Risiko, selbst in unzulässige Verbrechen involviert zu werden. Kritiker des Pazifismus müssen also einräumen, dass die Frage, welche moralischen Konsequenzen sich ergeben, hier nicht eindeutig vorab entscheidbar ist: Aus ihrer Perspektive wäre es manchmal besser, auf Gegenwehr zu verzichten, manchmal nicht (man denke hierbei auch an den bereits erwähnten Punkt von Singer, wonach die Folgen von Gewaltanwendung oft zu einem schlechteren Ergebnis führen und allemal schwierig abschätzbar sind, vgl. Singer 2013, S. 479–480). Das heißt aber für das Argument: Rein konsequentialistisch betrachtet ist dessen Prämisse (2) nicht mehr uneingeschränkt haltbar, sodass das

Argument viel an Plausibilität einbüßt. Wie sieht es daher mit folgender revidierter Fassung des Arguments aus, die diese Schwierigkeit beheben soll?

Prämisse 1 (Tatsachenbehauptung): Es verhalten sich in der Gegenwart und der überschaubaren Zukunft niemals alle friedfertig (schwächer: Es ist höchst unwahrscheinlich, dass sich ausreichend viele Leute friedfertig verhalten, sodass es zu keiner fatalen militärischen Aggression kommen kann).

Prämisse 2, revidiert: Trotz (UWAF) birgt einseitiger, umfassender militärischer Gewaltverzicht ein erhebliches Risiko eines moralisch schlechteren Ergebnisses als militärische Gegenwehr, wenn sich nicht alle (oder schwächer: ziemlich wahrscheinlich nicht ausreichend viele Leute) friedfertig verhalten.

Also: Einseitiger, umfassender militärischer Gewaltverzicht birgt ein erhebliches Risiko eines moralisch schlechteren Ergebnisses als militärische Gegenwehr.

Diese revidierte Fassung lädt natürlich sofort zu folgendem pazifistischen Einwand ein: Da auch ein entsprechendes Risiko für die Befürworter möglicher militärischer Gegenwehr besteht, läuft alles auf ein argumentatives Patt hinaus. Damit scheint unser Argument gegen den Pazifismus aber zu scheitern. Die These, wonach es schlechter ist, auf militärische Gewaltanwendung zu verzichten, wenn nicht alle bzw. genügend Leute mitmachen, konnte demnach nicht erfolgreich verteidigt werden. In Konfliktsituationen, die typischerweise zu militärischen Auseinandersetzungen führen, ist der Ausgang der Ereignisse kaum verlässlich prognostizierbar, sodass das Argument nicht durchgeht. Pazifisten könnten sich sogar auf Clausewitz berufen, laut dem der Krieg „das Gebiet des Zufalls“ ist, der „die Ungewissheit aller Umstände“ vermehrt (Clausewitz 2002, S. 34).

Aber lässt sich unser Argument so einfach aushebeln? Es ist doch ziemlich fragwürdig, dass der Einwand tatsächlich für alle Fälle gilt. In einigen scheint militärische Gegenwehr durchaus erfolgversprechend. Anders als Vertreter der LgK müssen Pazifisten aber auch in Fällen, in denen militärische Gegenwehr absehbar moralisch bessere Konsequenzen gehabt hätte oder haben könnte, für einen einseitigen militärischen Gewaltverzicht plädieren. Zudem kann man noch auf die Konsequenzen einer erfolgreichen militärischen Abschreckung verweisen, die dem Pazifismus nicht zu Gebote steht. Natürlich kann man auch angesichts der Erfolgsaussichten militärischer Abschreckung wieder Fragen nach deren Voraussagbarkeit aufwerfen. Aber das Ergebnis scheint nicht wesentlich anders auszufallen als bei den Aussichten militärischer Gegenwehr. Konsequentialistisch betrachtet macht unser Argument in der revidierten Fassung am Ende also deutlich, dass sich der Pazifismus Probleme aufhalst, die für die LgK in dieser Form nicht bestehen.

Betrachten wir unser Argument jetzt noch aus deontologischer Perspektive (vgl. die ähnlichen, aber nicht identischen Argumente in Luban 1980, S. 175). Da Prämisse 1 hinlänglich verteidigt wurde, können wir uns auf Prämisse 2 und zwar, der Einfachheit halber, wieder in der ursprünglichen Fassung beschränken. Aus dieser Perspektive kommt es darauf an, wieso Gewaltverzicht deontologisch zu einem moralisch schlechteren Ergebnis führt. Zwei Gesichtspunkte stechen hervor: Wer angegriffen wird, hat einfach ein *Recht*, sich zu wehren. Zudem kann man bei Verzicht auf Gegenwehr *Pflichten* gegenüber jenen, die man schützen soll, etwa die eigenen Kinder, nicht erfüllen. In diesem Zusammenhang ist bemerkenswert, dass viele Pazifisten entsprechende individuelle Rechte und Pflichten nicht bestreiten (s. unsere Ausführungen zur individuellen Gegenwehr in Abschn. 4.1).

Pazifisten müssten argumentieren, dass die *Konsequenzen* der Nutzung dieses Rechts im Fall moderner Kriege *niemals* in einem angemessenen Verhältnis stehen können zur Wahrung dieser Rechte und Pflichten. Die Beweislast liegt dafür natürlich ganz auf ihrer Seite, denn warum sollte dies bei entsprechend strengen *Ius-in-bello*-Kriterien zwingend sein? Fiala und Holmes haben sicher recht (vgl. Fiala 2023a, S. 23–26; Holmes 2017), dass auch Kriege, die in bester moralischer Absicht geführt werden, oft mit moralisch fragwürdigen Ergebnissen einhergehen, bei denen dieses Verhältnis nicht mehr angemessen ist, etwa, wenn es zu massiven „Kollateralschäden" kommt.

Für Fiala verhält sich das selbst dann so, wenn man prinzipiell bereit ist, der *Doktrin von der Doppelwirkung* zu folgen. Diese besagt, dass ein gewisses Ausmaß an bewirktem moralischen Übel („Kollateralschäden") auch dann moralisch akzeptabel sein kann, wenn dessen Eintreten vorhersehbar ist. Dies soll gelten, solange folgende vier Bedingungen erfüllt sind (vgl. Kling 2023, S. 117; Gisbertz-Astolfi 2024, S. 126):

1. Man verfolgt mit einer Handlung ein moralisch gutes Ziel (z. B. dasjenige, einen Aggressor zur Aufgabe zu bewegen und damit das Ende eines Krieges zu bewirken).
2. Das moralisch gute Ziel ist moralisch deutlich gewichtiger als das bewirkte moralische Übel.
3. Nur das gute Ziel wird beabsichtigt, jedoch nicht das Übel, denn dieses ist nur eine unbeabsichtigte Nebenfolge der Handlung.
4. Das Übel ist kein Mittel, um das moralisch gute Ziel zu erreichen.

Dass die Konsequenzen der Nutzung des Rechts auf Gegenwehr mit Gewalt im Fall moderner Kriege niemals in einem angemessenen Verhältnis stehen können zur Wahrung der genannten Rechte und Pflichten, kann dann in diesem Kontext nur heißen, dass (2) niemals erfüllt werden kann. Aber warum sollte es selbst bei strikter Anwendung von *Ius-in-bello*-Kriterien zwingend sein, dass es stets zu so gravierenden Verletzungen grundlegender moralischer Rechte kommen muss, dass dies nicht mehr durch die Verteidigung moralisch ebenfalls wichtiger Rechte bzw. dem Einhalten von Pflichten mittels Gewalt wettgemacht werden könnte? Da die Frage jetzt aus deontologischer Perspektive erörtert werden soll, kann es nicht nur um das konsequentialistische Aufrechnen von möglicherweise betroffenen Leben gehen. Akzeptiert man, dass es auch bei strikter Anwendung von *Ius-in-bello*-Kriterien *stets* zu „Kollateralschäden" kommen wird, dann lässt sich die Frage so zuspitzen: Kann es jemals, also auch im Rahmen eines legitimen Verteidigungskriegs, gerechtfertigt sein, den Tod unschuldiger Zivilisten auf der Gegenseite, dessen Vorkommen man schwer bestreiten kann, wissentlich zu bewirken? Worum es also eigentlich geht, ist die Frage, ob das Recht Unschuldiger, nicht getötet zu werden, aus deontologischer Perspektive *stets* gewichtiger ist als das ebenfalls deontologisch verbürgte *Recht*, sich zu wehren sowie die Erfüllung von *Pflichten* gegenüber jenen, die man schützen soll, wie die eigenen Kinder. Es geht somit um die Kollision von ethischen Prinzipien, die aus einer deontologischen Perspektive alle gewichtig sind. Die Antwort auf diese Frage ist offenbar unabhängig davon, ob man die Doktrin der Doppelwirkung akzeptiert; denn es geht ja darum, welche Antwort zunächst ganz unabhängig von dieser Doktrin auf die Bedingung (2) gegeben werden muss. Wenn diese Bedingung für besagtes Recht und besagte Pflicht angesichts von unschuldigen Todesopfern *nie* zu erfüllen ist, dann ist schwer zu sehen, welche Rolle der Grundgedanke hinter dieser Doktrin noch spielen kann, wonach es darauf ankommt, was beabsichtigt wurde und was nur unbeabsichtigte Nebenfolge war. Man darf dann eben nie etwas tun, das wissentlich zum Tod Unschuldiger führt, auch wenn dabei besagtes Recht und besagte Pflicht auf der Strecke bleiben bzw. nicht erfüllt werden können. Wenn es umgekehrt Fälle gibt, in denen dieses Recht und diese Pflicht die Unantastbarkeit des Lebens Unschuldiger übertrumpfen können, dann scheint es ebenfalls nicht mehr auf den Grundgedanken hinter der Doktrin von der Doppelwirkung anzukommen. Er kann dann bestenfalls noch ergänzend unterstützen (zu der umfänglichen und sehr kleinteiligen Debatte, inwiefern die von dieser Doktrin betonte Rolle der Absicht in diesem Kontext Relevanz beanspruchen kann vgl. Tadros 2018).

Wie soll aber das Problem der Kollision von Prinzipien aus einer deontologischen Perspektive gelöst werden? Besteht nur die Möglichkeit in dem Versuch, das ethische Gewicht der konfligierenden Prinzipien ohne jegliche Rücksicht auf die möglichen Konsequenzen ihrer Befolgung in der fraglichen Situation zu bestimmen? Wie oben (s. Abschn. 2.2) ausgeführt, ist für die meisten deontologischen Positionen typisch, dass sie zwar nicht ausschließlich, aber eben auch die Konsequenzen von Handlungen berücksichtigen. Im konkreten Kontext heißt dies, dass die Frage, ob Unschuldige getötet werden dürfen, um besagten Rechten und Pflichten gerecht werden zu können, auch eine Betrachtung der Konsequenzen erfordert: Es kommt dann eben auch wesentlich darauf an, in welchem Ausmaß diese Rechte und Pflichten verletzt würden, und in welchem Ausmaß es zum Tod Unschuldiger auf der Gegenseite kommt. Und zur entsprechenden Begrenzung des Ausmaßes dienen eben die *Ius-in-bello*-Kriterien.

Aus deontologischer Perspektive ist Prämisse 2 dann so zu lesen, dass durch umfassenden Gewaltverzicht nicht nur wichtige Rechte und Pflichten tangiert werden, sondern in vielen Fällen auch inakzeptable Konsequenzen zu erwarten sind und *daher* ein moralisch schlechteres Ergebnis eintritt. Gleichviel, ob man die Sache konsequentialistisch oder deontologisch betrachtet, zeigt sich also, dass eine pazifistische Haltung in einer Welt, in der nicht alle friedfertig sind, zu moralisch fragwürdigen Ergebnissen führt. Damit ist unsere kritische Diskussion des Pazifismus als ethischer Konzeption ans Ende gelangt.

5

Über vermeintliche Spielarten des Pazifismus

Nun werden wir uns damit beschäftigen, dass es in Deutschland Ansätze von Philosophen gibt, die an der Idee und an dem Begriff des Pazifismus festhalten wollen. Sie versuchen pazifistische Spielarten zu entwickeln, mit denen Kriege und kriegerische Handlungen – und seien es auch sehr wenige – sogar unter den Bedingungen moderner Kriegsführung ethisch gerechtfertigt werden können. Somit gibt es in der Bundesrepublik gegenwärtig nicht nur in religiösen Kreisen und in der Künstlerszene – exemplarisch sei an unseren Hinweis auf Margot Käßmann und Konstantin Wecker erinnert (s. Abschn. 3.1) – Menschen, die den Pazifismus zu stärken suchen, sondern auch in der akademischen Philosophie. Unseres Erachtens scheitern einige dieser philosophischen Bemühungen allerdings insofern, als aus ihnen keine Konzeptionen entstehen, die als pazifistische gelten sollten. Sie werden zwar von ihren Autoren als „pazifistisch" bezeichnet, sind aber, so denken wir, besser anders zu bezeichnen, nämlich als Spielarten der LgK, und

A. Staudacher, C. S. Widdau, *Pazifismus – Ausweg in einer Welt voller Kriege?*, #philosophieorientiert,
https://doi.org/10.1007/978-3-662-72847-5_5

somit – dies mag überraschen – als Spielarten eines Gegenspielers des Pazifismus. Damit wollen wir überhaupt nicht ausschließen, dass sie ethisch überzeugen können; wir halten es nur für bedenklich, sie so zu bezeichnen.

Warum ist dies bedenklich? Man könnte die Diskussion um die angemessene Bezeichnung einer Konzeption als einen zwecklosen Streit um Worte abtun. Ist es letztlich nicht gleichgültig, wie man etwas bezeichnet oder nennt, solange klar ist, worüber man spricht? Dementsprechend wäre es unwichtig, ob eine ethisch begründete Position als „pazifistisch" oder als „nicht pazifistisch" bezeichnet wird, weil doch nur darüber zu streiten ist, was sie inhaltlich besagt, normativ fordert, und wie mit ihr für die Forderungen argumentiert wird. Philosophen geht es schließlich stets um die Sache, nicht so sehr um einzelne Worte. Doch so richtig dies im Allgemeinen sein mag, so problematisch ist es in diesem speziellen Fall. Bedenklich ist die unseres Erachtens unangemessene Bezeichnung aus unterschiedlichen Gründen, nämlich politischen und philosophischen.

Fangen wir mit politischen an: Man darf nicht übersehen, dass das Etikett ‚Pazifismus' im öffentlichen Diskurs gebraucht und missbraucht werden kann, von Anhängern wie von Gegnern. In diesem Diskurs, mithin in kontroversen politischen Auseinandersetzungen und in der politisch motivierten Polarisierung, ist der Streit um Worte bedeutsam. Auch wenn die in der professionellen Philosophie entwickelten Konzeptionen nicht den öffentlichen Diskurs und die Politik von Regierung und Opposition nachhaltig prägen müssen, sollte man nicht ignorieren, dass sie zumindest einflussreich sein *können*. Auch die Philosophie des Pazifismus kann in der Öffentlichkeit wahrgenommen und als Orientierungsangebot in Anspruch genommen werden, insbesondere dann, wenn sich professionelle Philosophen in Massenmedien zu Wort melden. Wir werden später, um ein Beispiel zu nennen, über die Konzeption des Philosophen Olaf Müller sprechen, die er als „pragmatischen Pazifismus" (vgl. Müller 2022) bezeichnet. Seit dem Überfall Russlands auf die Ukraine im Februar 2022 ist er ein gefragter Gesprächspartner im Radio, Beiträger in auflagenstarken Zeitungen und wurde „Deutschlands Vordenker des Pazifismus" (Müller 2024b) genannt. Was wir damit ansprechen: Sein Wort hat im öffentlichen Diskurs Gewicht. Allerdings, so unsere Analyse, ist alles andere als klar, ob seine Position als pazifistisch gelten kann. Falls wir mit unserer Diagnose richtig liegen, wird in der öffentlichen Debatte einer Verwechslung Vorschub geleistet: Es könnte eine Position als „Pazifismus" angesehen werden, bei der das fragwürdig ist. Wer sich dann dieser Konzeption anschließt – seien es Einzelpersonen oder Parteien –, würde sich als Pazifist verstehen, ohne es zu sein. Diese Fehleinschätzung könnte Folgeprobleme nach sich ziehen: Aufgrund einer Selbstzuschreibung könnte man andere, die sich selbst mit einem Begriff eine andere Position zuschreiben, eilfertig als politische Gegner wahrnehmen, auch wenn sie in der Sache vielleicht dasselbe oder zumindest ähnliches vertreten. Die einen würden die anderen dann, zum Zwecke der Abgrenzung und Polarisierung, vielleicht als „Kriegstreiber" schelten; umgekehrt wären die Ersteren dann aus der Sicht der Zweiteren womöglich „politische Naivlinge".

Zum philosophischen Grund: Es ist auffällig, dass es in Deutschland Philosophen gibt, die Spielarten des Pazifismus zu entwickeln suchen, ohne dabei angemessen auf den ethisch entscheidenden Gegenspieler des Pazifismus, nämlich die LgK, einzugehen. Hierfür ist die erwähnte von Müller (vgl. Müller 2022) ein Beispiel. In den Konzeptionen, auf die wir zu sprechen kommen werden, wird die LgK randständig behandelt, wenn sie überhaupt behandelt wird (vgl. z. B. ebd., S. 33, Fn. 5). Auf das ausgearbeitete und differenzierte Instrumentarium dieser Lehre wird von diesen Autoren unseres Erachtens nicht zureichend zurückgegriffen; dies wäre aber in methodischer Hinsicht nötig, um die jeweils eigene Konzeption zu verteidigen und trennscharf von der Konkurrenz abzugrenzen. Um sich in der ethischen Debatte über Krieg und Frieden möglichst exakt zu verorten, genügt es bspw. nicht, die eigene Konzeption nur als eine Art relativen Pazifismus auszuzeichnen und sie vom absoluten Pazifismus sowie vom Realismus oder gar Bellizismus zu unterscheiden. Wir halten es in dieser Debatte für unabdingbar, die LgK angesichts der eigenen Positionierung angemessen einzubeziehen. Und wir behaupten, dass genau dieses Einbeziehen die Bedingung dafür ist, die im Folgenden vorgestellten Konzeptionen angemessener als bislang bezeichnen zu können, nämlich eher als solche der LgK als des Pazifismus.

Wir werden drei jüngere Ansätze aus dem deutschsprachigen Raum rekapitulieren, mit denen ein pazifistischer Standpunkt entwickelt werden soll: den „menschenrechtlichen" (vgl. Pollmann 2018), den „aufgeklärten" (vgl. Hinsch 2017) und den „pragmatischen Pazifismus" (vgl. Müller 2022). Alle Versuche dieser Art können wir hier natürlich nicht unter die Lupe nehmen. Wir mussten eine Auswahl treffen. Die drei genannten Konzeptionen sind es allesamt wert, in Augenschein genommen zu werden, und sie setzen, zumindest teilweise, unterschiedliche Schwerpunkte. Zunächst werden wir den „menschenrechtlichen Pazifismus" von Arnd Pollmann referieren und zu diesem Schluss kommen: Wer ihn vertritt, vertritt das, was ein Vertreter der LgK als eine Form des humanitären Interventionismus bezeichnen darf. Er ist als eine Spielart der LgK aufzufassen. Pollmann nimmt an, dass der Einsatz militärischer Gewalt eines nicht selbst angegriffenen Staates moralisch zulässig sein kann. Dies ist er dann, wenn es in dem anderen Staat systematische, schwerwiegende Menschenrechtsverletzungen gibt, andere Handlungen als

Kriegshandlungen als untauglich zu erachten sind, den Verletzungen Einhalt zu gebieten, und weitere Bedingungen erfüllt sind. Diese Position erscheint uns inhaltlich plausibel, aber nicht pazifistisch im oben herausgearbeiteten und begründeten Sinne (s. Kap. 3).

Dann werden wir den „aufgeklärten Pazifismus" von Wilfried Hinsch betrachten. Er hebt sich durch seine Selbstaufklärung als Pazifismus auf. Hinsch verfolgt in seiner komplexen Konzeption u. a. die Absicht, den Pazifismus selbstreflexiv zu kritisieren. Er will zeigen, dass ein wohlverstandener Pazifismus, der sich des *eigentlichen* pazifistischen Interesses bewusst wird, ohne die Annahme, dass es moralisch gerechtfertigte Kriegshandlungen gibt, nicht auskommt. Wer den Endzweck des Pazifismus erfüllt sehen möchte, nämlich eine Welt, in der es keine militärischen Auseinandersetzungen mehr gibt, der müsse heute und absehbar bereit sein, Kriege zu führen. Denn nur damit gebe es in einer Welt von Kriegstreibern die Chance, eine befriedete Welt zu schaffen. Nur mit pazifistischen Mitteln sei dies nicht möglich. Demzufolge gibt es einen nur einseitig lösbaren Mittel-Zweck-Konflikt, denn man kann mit pazifistischen Mitteln nicht den Endzweck des Pazifismus erfüllen. Doch löst man diesen zugunsten des Endzwecks und zu Ungunsten pazifistischer Mittel, bleibt vom Pazifismus als einer Lehre der Gewaltfreiheit in der politischen Realität kaum etwas übrig. Schlimmer noch: Das Ziel des andauernden Friedens auf Erden können auch Philosophen als erstrebenswert erachten, die keine Pazifisten sind. Dieser Endzweck ist nicht nur der des Pazifismus. Er ist kein Alleinstellungsmerkmal und charakterisiert ihn somit nicht als von anderen Positionen wesentlich verschieden.

Zuletzt werden wir den „pragmatischen Pazifismus" des bereits erwähnten Olaf Müller vorstellen. Er nimmt an, dass der Einsatz militärischer Gewalt, Kriegshandlungen und kriegerische Handlungen – diese nur anscheinend feinen begrifflichen Unterscheidungen sind seines Erachtens wichtig – nicht grundsätzlich, aber fast immer bzw. sehr häufig moralisch unzulässig sind. Er will den Pazifismus mithilfe von Annahmen der Philosophie des Pragmatismus attraktiver machen. Dabei hat Müller vor allem den absoluten Pazifismus als einen *verwandten* Gegenspieler seines eigenen Ansatzes im Blick. Sein relativer Pazifismus soll ohne „Prinzipienreiterei" auskommen; mit ihm soll man „flexibel, fallweise und situationsbezogen" (ebd., S. 11) vorgehen können, ein Mehr oder Weniger an moralischer Verurteilung von Kriegshandlungen oder kriegerischen Handlungen zulassend. Ausdrücklich hält Müller einen Krieg des 20. Jahrhunderts, also einen, der unter modernen Bedingungen der Kriegsführung geführt wurde, für moralisch zulässig, nämlich den Zweiten Weltkrieg, und er argumentiert an manchen Stellen so, dass er als Pazifist nicht daran zu denken scheint, die Beseitigung der Institution des Krieges als aktuelle Leitlinie einer pazifistisch grundierten Politik anzuerkennen. Wir denken, dass u. a. diese Flexibilisierung zur Preisgabe des Pazifismus beiträgt und es angemessener wäre, diesen pragmatischen Ansatz als einen der LgK zu bezeichnen.

5.1 Pollmanns „menschenrechtlicher Pazifismus"

Arnd Pollmanns „menschenrechtlicher Pazifismus" soll einer sein, der genau *eine* Art von Ausnahme des Urteils, dass Angriffskriege nicht geführt werden dürfen, kennt, nämlich die des notwendig gewordenen und von externer Seite nur noch mittels eines Militäreinsatzes zu leistenden Menschenrechtsschutzes. Der Ansatz, wie ihn Pollmann (vgl. Pollmann 2018) vorgestellt hat, lässt sich unseres Erachtens so rekonstruieren: (1) Angriffskriege sind grundsätzlich moralisch nicht zulässig. (2) „Grundsätzlich" bedeutet nicht „in jedem Fall". (3) Es gibt einen Ausnahmefall. Dieser liegt vor, wenn vier Umstände (UI)–(UIV) zusammenkommen: (UI) Es gibt in einem anderen Staat X systematische, schwerwiegende Menschenrechtsverletzungen. (UII) Andere Mittel, in diesem Staat X oder von außerhalb einsetzbare, als der Angriffskrieg, sind – so gut man dies eben konstatieren kann – ausgeschöpft worden. Pollmann sagt unmissverständlich, dass diese Mittel „nur selten" (ebd., S. 172) ausgeschöpft sein dürften, doch dies kann passieren. Der Militäreinsatz für den Menschenrechtsschutz muss „Ultima ratio" (ebd., S. 174) sein. (UIII) Der Angriffskrieg hat nur das Ziel des Menschenrechtsschutzes (vgl. ebd., S. 175), ist also auf dessen Erreichung eingegrenzt, und darf somit keine „Strafmaßnahme" (ebd.) gegen den Staat X sein. Zudem (UIV) müsse gewahrt sein, dass die Entscheidung über den Einsatz der Staatengemeinschaft der Vereinten Nationen obliegt, nicht einzelnen Großmächten mit speziellen Machtinteressen (vgl. ebd., S. 172). (4) Nun kann es diesen Befund geben: (UI)–(UIV) kommen zusammen. (5) Wenn (1)–(4) gegeben sind, dann ist ein Angriffskrieg gegen den Staat X zum Zweck des Schutzes der Menschen, deren Menschenrechte verletzt werden, moralisch zulässig.

Wer diesen Ansatz vertritt, behauptet dementsprechend, dass das militärische Eingreifen in einen anderen Staat und in dessen Angelegenheiten nicht immer moralisch verboten ist. Das im Völkerrecht angelegte und wirkmächtige Argument gegen ein solches Eingreifen, nämlich das der gegenseitig zu achtenden Staatssouveränität, greift laut Pollmann aufgrund systematischer, schwerwiegender Menschenrechtsverletzungen in dem und für den betreffenden Staat nicht mehr. Er erklärt dies so: „Staaten und Regierungen haben zwar traditionell ein zwischenstaatliches Recht auf Souveränität im Sinne der Nicht-Einmischung. Sie haben dieses Recht aber nur solange, wie diese äußere Souveränität als Ausdruck dessen verstanden werden kann, was man mit Blick auf das Innere jener Staaten […] ‚Volkssouveränität' nennt" (ebd., S. 170). Die Souveränität eines Staates sei von externer Seite, also *von außen*, genau dann zu achten, wenn es eine *innere* Legitimität dieses Staates gibt. Das bedeutet: wenn es eine ihm durch das Volk verliehene Legitimität gibt. Wenn es im Staat politisch organisierte, beabsichtigte oder vonseiten der Staatsführung nicht unterbundene systematische, schwerwiegende Menschenrechtsverletzungen gibt, dann greife das Gebot der Nichteinmischung in die Angelegenheiten des angeblich souveränen Staates nicht mehr, weil nicht mehr davon ausgegangen werden darf, dass er eine durch das Volk verliehene Legitimität hat, er also nicht mehr souverän ist. Kurzum: Diese Verletzungen seien ein zuverlässiger Indikator für die Feststellung mangelnder Legitimität. Natürlich wird damit vorausgesetzt, dass es eine notwendige Verbindung zwischen der Legitimität eines Staates und dessen Achtung der Menschenrechte gibt, was zu diskutieren wäre, hier aber von uns nicht weiter verfolgt werden kann und muss.

Für uns ist entscheidend, ob Pollmanns Ansatz ein pazifistischer ist. Daher müssen wir nicht erörtern, ob der Zweck des Menschenrechtsschutzes grundsätzlich anerkennungswürdig ist. Auch müssen wir nicht diskutieren, ob dieser Zweck, wenn er anerkennungswürdig wäre, wichtiger als mögliche andere Zwecke ist. Ebenso wenig müssen wir uns, wie gesagt, mit der Frage beschäftigen, unter welchen notwendigen und zusammen hinreichenden Bedingungen man von der Souveränität eines Staates sprechen darf. Dies sind andersgeartete Probleme. Uns interessiert hier nur, wie die Position in der Debatte theoretisch korrekt zuzuordnen ist: Der „menschenrechtliche Pazifismus“ ist weder ein absoluter noch ein relativer. Ein absoluter ist er offensichtlich deswegen nicht, weil mit ihm nicht prinzipiell jeder Einsatz militärischer Gewalt moralisch verurteilt wird. Dies liegt klar auf der Hand. Ein relativer ist er allerdings ebenfalls nicht, weil nicht davon ausgegangen wird, dass sich der Einsatz militärischer Gewalt unter heutigen Bedingungen niemals moralisch rechtfertigen lässt. Pollmann formuliert Bedingungen, unter denen überhaupt Krieg geführt werden darf, und er schließt ausdrücklich nicht aus, dass die konkrete Kriegsführung moralisch unzulässig sein muss. Es gibt in der Welt Fälle systematischer, schwerwiegender Menschenrechtsverletzungen, etwa sogenannte Völkermorde. Zudem ist es nicht absurd, davon auszugehen, dass in diesen Fällen andere als militärische Mittel zur Beendigung der Verletzungen erfolglos ausgeschöpft werden könnten, auch wenn dies nicht oft vorkommen mag. Wenn man Pollmanns Ansatz folgt, dann muss man weiterhin die militärische Infrastruktur aufrechterhalten, um im Ernstfall wirksam zugunsten des Menschenrechtsschutzes agieren zu können. Wie wir zuvor (s. Kap. 3) darlegten, zeichnen sich hinsichtlich humanitärer Interventionen Spielarten der LgK gegenüber denen des absoluten und des relativen Pazifismus dadurch aus, dass sie deren Legitimität zumindest erwägen und auch unter den aktuellen Bedingungen der Kriegsführung nicht zu dem Schluss kommen müssen, humanitäre Interventionen für moralisch falsch zu halten. All dies spricht aus unserer Sicht eindeutig dafür, Pollmanns Konzeption auf der Seite der LgK und nicht auf der des Pazifismus einzuordnen.

Pollmann ist sich des Problems der Einordnung bewusst, geht aber ausdrücklich nicht davon aus, „anti-pazifistisch“ zu argumentieren. Er erläutert diesen Gedanken so: „Man kann im Zweifelsfall für den konsequenten Menschenrechtsschutz votieren [dies schließt ggf. das Votum für Kriegshandlungen ein] und doch zugleich an wichtigen Intuitionen des Pazifismus festhalten“ (ebd., S. 173). Dies kann man, und wir werden am Ende unseres Buches einen Vorschlag unterbreiten, in dem genau dies, das Festhalten an „Intuitionen des Pazifismus“ eine Rolle spielt. Doch ein Ansatz, der das aufgreift, muss deshalb noch lange nicht pazifistisch sein. Er fügt sich viel besser als eine Version der LgK ein, die manches von dem, was Pazifisten besonders wichtig ist, aufgreift und einbezieht.

Unser Ergebnis: Der „menschenrechtliche Pazifismus“ ist, ohne sich sehr winden zu müssen, als Form des humanitären Interventionismus (vgl. Rinke et al. 2014, S. 100–108) und somit als eine Konzeption der LgK zu begreifen. Eine humanitäre Intervention wird heute nicht selten als ein Fall, vielleicht sogar als der einzige, eines ethisch zureichend begründeten Angriffskrieges eines Staates gegen einen anderen ausgezeichnet. Beispielsweise legt Reinold Schmücker in seiner Konzeption einer LgK, auf die wir noch zu sprechen kommen werden, dar, dass dann, wenn bestimmte Kriterien erfüllt sind, ein zwischenstaatlicher Krieg, der eine humanitäre Intervention ist, gerechtfertigt sei (vgl. Schmücker 2025, S. 73–74). Diese Kriterien finden sich, ergänzt um wenige weitere Bestimmungen, so auch bei Pollmann. Hier vertreten sowohl ein – laut Selbsteinschätzung – humanitärer Interventionist als auch ein – laut Selbstbezeichnung – „menschenrechtlicher Pazifist“ gleichermaßen die These, dass es einen rechtfertigenden moralischen Grund für das Führen eines Krieges gibt und weitere Bedingungen für dessen moralische Zulässigkeit nicht nur gegeben sein können, sondern auch manchmal gegeben sind, es also Kriege gibt, die geführt werden dürfen. Diese These ist, so unsere Analyse, der LgK zuzuordnen.

5.2 Hinschs „aufgeklärter Pazifismus"

Mit Wilfried Hinschs „aufgeklärtem Pazifismus" (vgl. Hinsch 2017) geht man in einem ersten Schritt davon aus, dass ein Pazifist, der das Mittel der Kriegsführung ablehnt, sich hinsichtlich der Erfüllbarkeit des Endzwecks, den er eigentlich und konsequenterweise mit seiner Positionierung zu erfüllen anstrebt, Illusionen hingibt. Der Pazifismus beinhalte Annahmen über moralisch illegitime Mittel, dies ist militärische Gewalt, moralisch legitime Mittel, dies ist anderes als militärische Gewalt, und einen Endzweck, dies ist die dauerhaft befriedete Welt, in der der Einsatz militärischer Gewalt ausgeschlossen ist. Es gehe einem Pazifisten letztlich nicht nur um die Kritik an einzelnen Kriegen, sondern darum, die Institution des Krieges im Geschichtsverlauf abzuschaffen und innerstaatliche und zwischenstaatliche Strukturen entsprechend zu verändern.

Konsequenterweise, denn alles andere würde dem pazifistischen Ansinnen ja entgegenstehen, sollte die Errichtung einer unverbrüchlichen globalen Friedensordnung erstrebt werden. Eine Welt, in der das moralisch illegitime Mittel nicht mehr vorhanden wäre, wäre jene, die ein Pazifist begrüßen muss. An dieser Stelle legt Hinsch einen Finger in eine womöglich unbemerkte oder vergessene Wunde. Es sei geradezu weltentrückt, anzunehmen, eine dauerhaft befriedete Welt, wenn sie überhaupt geschaffen werden könnte, ohne die Bereitschaft, militärische Gewalt einzusetzen, schaffen zu können: „Die Annahme, dass es ohne die internationale Bereitschaft, notfalls auch militärisch einzugreifen, so etwas wie ein weltweites, friedliches Miteinander ohne bösartige Kriege […] geben könnte, ist abwegig" (ebd., S. 9). Wer den permanenten globalen Frieden verwirklicht sehen möchte, muss laut Hinsch gewappnet und gerüstet sein und bleiben, die Rüstung notfalls anlegen und einsetzen. Zum Zwecke des nicht nur kurzlebigen Friedens müsse manchmal Krieg geführt werden, womöglich einmal, zweimal, mehrmals. Es sei, wir zitieren, „abwegig", anderes anzunehmen. Wer die Institution des Krieges abschaffen will, wird einige Kriege und Kriegshandlungen billigen müssen.

In der „Moral des Krieges", so der Titel eines Buches von Hinsch, habe die pazifistische Moral angesichts des zu beachtenden Endzweckes dennoch ihren Platz. Denn neben dem bereits Zitierten schreibt Hinsch dies: „Die Moral des Krieges kann […] mit Recht als eine pazifistische Moral betrieben werden, denn Frieden ist für sie ein höchstes Gut, wenn auch nicht das einzige höchste Gut: Recht und Gerechtigkeit stehen gleichberechtigt neben ihm" (ebd., S. 147). Für den Frieden dürfe man nicht alles opfern. Ein *wirklich* anzuerkennender Frieden sei nur der in einem politischen Zustand, in dem ebenfalls Recht und Gerechtigkeit verwirklicht sind. Dies erinnert an die Relevanz der Begriffe „negativer" und „positiver Frieden", auf die wir mit einer Bezugnahme auf Galtung eingegangen sind (s. Abschn. 2.1). Wie Pollmann ist auch Hinsch davon überzeugt, dass eine Moral des Krieges besonders die Anerkennung grundlegender Menschenrechte und die Bereitschaft, sie zu schützen, einbeziehen muss, um zu überzeugen. Wie Pollmann denkt auch Hinsch, dass der Menschenrechtsschutz die (bloß noch angeblich bestehende) Staatssouveränität ebenso übertrumpfen kann wie den Verzicht auf den Einsatz militärischer Gewalt. Eine wirklich befriedete Welt ist demzufolge nicht eine, in der, koste es ansonsten, was es wolle, andauernd die Waffen schweigen, sondern eine, die auch die grundlegenden Rechte von Menschen „auf Leben, Freiheit und Sicherheit der Person einschließt" (Hinsch 2024, S. 126). Wie Pollmann hält Hinsch pazifistische Forderungen dort für unzutreffend, wo der Pazifist den Schutz grundlegender Menschenrechte aufzugeben bereit ist. Daher müsse es die Bereitschaft geben, im Hier und Jetzt, Kriegshandlungen auszuführen: „Die moralische Legitimität eben dieser Bereitschaft zu bestreiten, bedeutet in einer Welt gewaltbereiter Autokratien, Warlords und Terroristen, die effektive Rechtlosigkeit sehr vieler Menschen weltweit einfach zu akzeptieren – im Namen des Pazifismus" (ebd., S. 127). Dies sei ethisch nicht zu akzeptieren.

Der Pazifist kann laut Hinsch nicht beides zugleich haben, das Mittel und den Endzweck des Pazifismus. Wenn es ihm neben der Schaffung zeitweiligen Friedens konsequenterweise um eine dauerhaft befriedete Welt geht, dann müsse er das Mittel zurückweisen. Laut Hinsch muss er für einzelne Kriege plädieren. Dennoch bedeute dies nicht die Abkehr von der pazifistischen Moral, denn der Frieden als eine Art regulative Idee des Entscheidens und Handelns sei damit nicht obsolet. Zudem müsse der Endzweck um weitere Zwecke ergänzt werden, besonders dem des Menschenrechtsschutzes. Damit sei der Endzweck des unverbrüchlichen globalen Friedens nur dann anerkennenswert, wenn er in ein Netz mehrerer Zwecke eingebunden wird. Dies beachtend, könne erst ein aufgeklärter, ja „moderater Pazifismus" (ebd., S. 124) entwickelt werden.

Auch hier müssen wir angesichts unseres Erkenntnisinteresses, ob es sich bei dem „aufgeklärten Pazifismus" tatsächlich um eine Spielart des Pazifismus handelt, manches nicht diskutieren. Wie man sich etwa vorstellen können soll, dass Frieden, Recht und Gerechtigkeit in einem Konfliktfall „gleichberechtigt" als „höchste Güter" nebeneinanderstehen und orientieren können, ohne sich zu verzetteln oder eine Priorisierung vornehmen zu müssen, ist andernorts zu prüfen. Wie mehrere höchste nicht materielle Güter überhaupt „gleichberechtigt" nebeneinander

Geltung beanspruchen können sollen, ist eine philosophisch interessante Fragestellung, deren Diskussion den Rahmen unserer Thematik sprengen würde. Unser Punkt ist ein anderer. Ein absoluter Pazifismus ist der „aufgeklärte Pazifismus" offenkundig nicht. Er ist auch kein relativer, weil mit ihm nicht ausgeschlossen wird, dass ein Krieg, des Endzweckes der dauerhaft befriedeten Welt und anderer Endzwecke wegen, moralisch gerechtfertigt sein kann, sondern sogar mit ihm vielmehr begründet wird, warum er gerechtfertigt sein kann. Mit Hinschs Ansatz muss man nicht zu dem Schluss kommen, dass moderne Kriege, etwa humanitäre Interventionen, moralisch unzulässig sind – im Gegenteil. Genau dieses Gegenteil würde man aber von einer pazifistischen Konzeption letztlich erwarten. Und die Aufrechterhaltung der militärischen Infrastruktur darf im Hier und Jetzt, folgt man dieser Konzeption, nicht infrage gestellt werden, weil die Güter Recht und Gerechtigkeit ansonsten unerreichbar wären. Angesichts dieser Punkte ist es unseres Erachtens angemessen, von einer Variante der Lehre vom gerechten Krieg, und, um Missverständnisse zu vermeiden, nicht von einer Variante des Pazifismus zu sprechen.

5.3 Müllers „pragmatischer Pazifismus"

Der pragmatische Pazifist, wie ihn Olaf Müller (vgl. Müller 2022) anders als Holmes charakterisiert, ist nahezu immer gegen den Krieg und sehr häufig gegen kriegerische Handlungen. Hieran zeigt sich bereits das Ansinnen der Flexibilisierung, von dem wir zu Beginn dieses Kapitels, als wir Müllers Ansatz erstmals erwähnt hatten, sprachen: Der Krieg wird in dieser Konzeption nicht in jedem Fall als moralisch falsch angesehen, und nicht alles, was auch nur irgend kriegerisch ist, ist demzufolge etwas, vor dem der Pazifist unter allen möglichen Umständen warnen muss. Müllers pragmatischer Pazifist schließt fast in jedem Fall aus, dass ein Krieg moralisch gerechtfertigt werden kann, und er schließt immerhin sehr oft aus, dass eine kriegerische Handlung gerechtfertigt werden kann. Diese Unterscheidung ist gemäß Müller ethisch wichtig: Es gebe Handlungen, die mal mehr, mal weniger kriegerisch sind, und je nachdem sind diese aus der Sicht des pragmatischen Pazifisten à la Müller mal mehr, mal weniger moralisch problematisch. Das Abwerfen einer Atombombe über feindlichem Gebiet sei eine *Kriegshandlung*, die Versorgung eines politischen Bündnispartners mit Waffensystemen bloß eine *kriegerische Handlung*. Laut Müller gilt, „dass kriegerische Handlungen der Tendenz nach moralisch zweifelhafter sind als weniger kriegerische Handlungen" (ebd., S. 18). Müller schreibt auch: „Eine bloß kriegerische Handlung wie die Lieferung von Panzerhaubitzen an Kriegsparteien ist für sich allein noch keine Kriegshandlung, liegt aber trotzdem in der Schusslinie pazifistischer Kritik" (ebd.). In eine zweiteilige Formel gebracht, kann man die Annahmen so fassen: Je kriegerischer eine Handlung ist, desto moralisch problematischer ist sie; wenn eine Handlung überhaupt kriegerisch ist, dann sollte sie aus ethischer Perspektive geprüft werden, aber den Zwang zur Ablehnung impliziert das nicht. In Müllers „pragmatischem Pazifismus" werden kriegerische Akte und deren Bedingungen betrachtet, ohne *vor* der Betrachtung ein generalisierendes und negatives Urteil über sie zu fällen. Daran erweise sich der philosophisch-pragmatische Anspruch des Versuchs, mit dem er offensichtlich vom absoluten Pazifismus abgegrenzt werden soll.

Nun muss man sich fragen, wie Müller, der seine ethische Beurteilung von Krieg und Kriegerischem von Einzelfallprüfungen abhängig machen möchte, zu einem Urteil gelangt, welche kriegerischen und Kriegshandlungen moralisch zulässig sind und welche nicht. Natürlich bedarf es eines Kriteriums, um moralisch zulässige von unzulässigen Handlungen zu unterscheiden, Kriege und kriegerische Handlungen abzulehnen oder ihnen zuzustimmen, und eines Mittels, um überprüfen zu können, ob das Kriterium erfüllt ist. Sein Mittel ist das altbekannte konsequentialistische der „Folgenabschätzung" (ebd., S. 33); Übel (Kriterium) gilt es zu minimieren. Die Maßgabe lautet hier: Ruft ein Akteur mit einer Handlung *x* voraussichtlich weniger Übel (einer bestimmten Art) als mit einer Handlung *y* hervor, dann darf er die Handlung *x* ausführen. Dies fasst Müller dann genauer so: „Ein Krieg ist nur dann zulässig, wenn seine Vermeidung einen inakzeptabel größeren [*sic*] Preis an Menschenleben, Verletzungen, Traumatisierungen usw. nach sich zieht als seine Durchführung" (ebd., S. 34; das Kriterium dürfte sich gleichermaßen auf Kriegshandlungen und kriegerische Handlungen beziehen).

Müller lässt allerdings offen, wann der Preis als „inakzeptabel" anzusehen ist. Dies bleibt abstrakt. Anscheinend lässt sich aus seiner Sicht keine präzisierende Angabe, keine klärende Bestimmung von Schadensverhältnissen machen. Man müsse konkret und fallbezogen prüfen, tentativ, pragmatisch. In einer Einzelfallprüfung gibt es zudem das Problem, wie man herausbekommt, welche Handlungen welche Folgen „nach sich ziehen". Ohne einigermaßen verlässliche Information darüber lässt sich ja kaum überzeugend entscheiden, ob eine Kriegshandlung moralisch angemessen ist. Wir haben es also mit einem Problem der Prognostik zu tun. Der Befürworter einer kriegerischen Handlung behauptet etwa, dass deren Ausführung moralisch zulässig ist, weil man mit ihr die Eskalation eines Konflikts stoppen wird, mit einer anderen voraussichtlich nicht. Der Gegner behauptet das Gegenteil. Der Befürworter sagt: „Wenn wir kriegerisch handeln, dann wird sich die Lage verbessern, sonst nicht." Der Gegner sagt: „Wenn wir kriegerisch handeln, dann wird sich die Lage verschlechtern." Wessen Prognose ist angemessen? Lässt sich dies so feststellen, wie man für gewöhnlich Tatsachen feststellt? Angenommen, ein Befürworter behauptet, dass ein Konflikt ausschließlich aufgrund seiner Entscheidung beendet werden konnte. Wie will er das *wirklich* wissen? Der Befürworter sagt etwa: „Wenn wir nicht kriegerisch handelnd vorgegangen wären, dann hätten wir heute eine viel schlechtere Lage." Kann man dies feststellen, so wie man feststellen kann, dass sich ein Kluntjestück aufgelöst hätte, wenn es in eine Tasse mit heißem Tee geworfen worden wäre (vgl. ebd., S. 41)? Laut Müller kann man dies angesichts dessen, dass Krieg „das krasseste Chaos überhaupt" (ebd., S. 89) sei, nicht. Keine Aussage des Befürworters, weder seine Zukunftsprognose noch das kontrafaktische Konditional, mit dem ein Zusammenhang zwischen der Vergangenheit und der Gegenwart hergestellt wird („Wenn wir damals nicht *x* getan hätten, dann wäre heute *p* der Fall"), sei an sich *realistischer* als die des Gegners. Es gebe, was die Erkenntnis der möglichen Folgen von Entscheidungen und Handlungen betrifft, ein Patt zwischen Befürworter und Gegner (vgl. ebd., S. 36–61). Dieses komme zustande, weil es eben weder bei nachträglichen Einschätzungen noch bei Prognosen nicht nur um Fakten gehe: Wer etwas nachträglich einschätzt oder etwas prognostiziert, tue dies stets nicht nur unter Bezugnahme auf bestimmte Fakten, sondern auch im Lichte bestimmter Werte (vgl. ebd., S. 48–57).

Angesichts dieses Patts gebe es zwei Optionen: Zum einen könne man alles Friedliebende aufzubringen versuchen und sich bei seinen Entscheidungen und Handlungen am Glauben an das Gute im Menschen festhalten sowie an der Erkenntnis, dass Krieg unkontrollierbares Chaos ist.

Zum anderen könne man sich, womöglich eilfertig, auf kriegerisches Handeln einlassen, weil einem weder die These vom Guten im Menschen noch die vom Krieg als unkontrollierbarem Chaos einleuchten will. Müller schlägt vor, in unsicheren Prognosefällen die pazifistische statt der kriegerischen Karte zu ziehen. Warum sei dieser Zug der bessere? Er kann dafür keinen Beweis liefern, geht aber davon aus, dass dieser Zug *insgesamt* besser zu dem Charakter und Weltbild desjenigen passen dürfte, der zu entscheiden und zu handeln hat: „Und doch behaupte ich, dass die erste Möglichkeit besser ist als die zweite. Sie passt insgesamt besser in das gesamte Bild dessen, was sich die meisten unserer Zeitgenossen in ihrem Lebens- und Meinungswandel mehr oder minder deutlich von der Welt, von der Menschheit und von sich selber zurechtgelegt haben" (ebd., S. 98).

Selbst dann, wenn Müller recht hätte, dass dies für die „meisten unserer Zeitgenossen" gilt: Es käme bei dem, der verantwortlich über Krieg und Frieden zu entscheiden hat, doch nicht nur auf *dessen eigenes* „gesamtes Bild" an, zu dem die Kenntnis alternativer „Bilder" zählen müsste, sondern auch darauf, die „gesamten Bilder" *aller anderen* ins Kalkül zu ziehen. In einer Welt, in der nur eine Minderheit ein in Teilen anderes „Bild" hat, hätte das Ziehen der pazifistischen Karte moralisch schlechte Konsequenzen zur Folge (auf dieses Problem wiesen wir in Kap. 4 hin). Zwar hat Müller einerseits einen Punkt damit, dass Werte eine Rolle bei Einschätzungen und Prognosen spielen (obwohl man sich fragen kann, ob Einschätzungen darüber, wie friedfertig Menschen in bestimmten Situationen sein können, nicht eher Annahmen über bestimmte psychologische Tatsachen und weniger Wertungen darstellen), doch scheint er diesen Aspekt andererseits gegenüber dem der Erfahrung weit zu überhöhen.

Rückblickend beurteilt Müller den Krieg der Alliierten gegen das nationalsozialistische Deutschland als moralisch zulässig. Aus heutiger Sicht scheint für ihn klar: Hätte man Nazi-Deutschland militärisch nichts entgegengesetzt, wäre der zu erwartende Preis, den man dafür hätte zahlen müssen, viel zu hoch gewesen. Doch wie wäre sein Urteil damals, womöglich noch in der Anfangsphase ausgefallen, als noch gar nicht unmittelbar erkennbar war, in was für Verbrechen dieser Krieg münden würde? Der von Müller mehr oder weniger zum vorbildlichen, ja sogar zum „Jahrhundertpazifisten" erklärte Bertrand Russell (vgl. Müller 2023) kam, wie bereits notiert (s. Abschn. 3.4), 1943 zu dem Ergebnis, dass der Krieg gegen Nazi-Deutschland allein schon deshalb richtig war, weil es auch mit militärischen Mitteln zu „kämpfen lohnt" (Russell 2023, S. 10), um die Eroberung Englands und der USA durch Hitler zu verhindern. Müller legt hingegen nahe, dass Russell, wie er selbst in der Rückschau auch, den Krieg der Alliierten aus einem viel restriktiveren Grund befürwortet hat, nämlich dem Umstand, „dass die Kriegsverbrechen der deutschen Truppen und ihrer Helfershelfer im Zweiten Weltkrieg einen einzigartigen Zivilisationsbruch darstellen" (Müller 2022, S. 29). Daran werden wenige ernsthaft zweifeln wollen.

Allerdings ist dann zu fragen, wie sich selbst solch ein deutlich restriktiveres Plädoyer für aktive militärische Kriegsbeteiligung mit all seinen üblichen Konsequenzen überhaupt in ein pazifistisches und speziell in Müllers Konzept einpassen lässt. Er selbst sieht diesen Punkt auch, reagiert aber eher ausweichend. Ein pragmatischer Pazifist seiner Prägung müsse zugeben, „dass nicht nur alliierte Kriegshandlungen gegen Nazi-Deutschland moralisch richtig gewesen sind, sondern dass es theoretisch auch in Zukunft immer wieder moralisch richtige Kriegshandlungen geben *kann*. Um Pazifist bleiben zu können, wird er hinzufügen, dass solche Ausnahmen *tatsächlich* selten oder nie vorkommen, dass es jedenfalls seit dem Zweiten Weltkrieg keine einzige Ausnahme gegeben hat und dass wir weit davon entfernt sind, einer solche Ausnahme bald ins Auge blicken zu müssen" (ebd., S. 29–30). Zwischen „selten" und „nie" gibt es allerdings einen Unterschied. Der Optimismus, „dass wir weit davon entfernt sind, einer solche Ausnahme bald" wieder „ins Auge blicken zu müssen" erscheint uns, gerade in einer Welt in der staatenübergreifende, zur Friedensstiftung vorgesehene internationale Organisationen wie die UNO zunehmend an Einfluss zu verlieren scheinen, nicht gerechtfertigt. Wie dem auch sei: Müllers Position läuft darauf hinaus, dass es einen *Typ* von Ereignissen gibt, nämlich „Zivilisationsbrüche", angesichts derer es gerechtfertigt ist, in den Krieg zu ziehen. Das entspricht aus unserer Sicht eher einer restriktiven Version der LgK statt einer pazifistischen Position. Ein Zivilisationsbruch liefert demnach einen Kriegsgrund gemäß dem *ius ad bellum*. Bemerkenswert am Rande ist dies: Während man aus der Perspektive der LgK daran gleich die Frage anschließen muss, wie man sich gemäß dem *ius in bello* verhalten muss, damit der Krieg im Grunde und in der Ausführung gerecht ist, findet sich dazu bei Müller eher wenig. Die gerade aus pazifistischer Sicht nahe liegende Frage, inwieweit auch die Alliierten in moralisch unzulässige Kriegsverbrechen verwickelt waren, wird von Müller unseres Erachtens nicht zureichend beachtet.

Es gibt aber noch eine Schwierigkeit für Müllers Ansatz, die mit der schon angedeuteten Frage zu tun hat, wie man aus zeitgenössischer Perspektive auf Hitlers Krieg hätte reagieren sollen. Dieser begann zunächst wie viele andere Kriege auch; zum Zivilisationsbruch kam es erst im Verlauf. Anders als für Russell hätte es unter diesen Bedingungen, also vor dem Zivilisationsbruch, für Müller, wenn wir recht sehen, eigentlich noch keinen Grund für eine Kriegsbeteiligung gegeben. Vielmehr hätte man sich auch gegenüber Nazi-Deutschland noch vom Glauben an das Gute im Menschen leiten lassen sollen. Das führt zu der Frage, ob man unter den damaligen Gegebenheiten den Zeitpunkt für das aus Müllers Sicht moralisch legitime Eingreifen nicht schlicht verpasst hätte, weil man Menschen diesen Zivilisationsbruch erst einmal gar nicht zutraut. Auf dieses Problem geht Müller unseres Erachtens nicht zureichend ein.

Einen wichtigen Aspekt müssen wir noch ergänzen, um diesem Ansatz gerecht zu werden: Müller entwickelt seinen „pragmatischen Pazifismus" angesichts der „Angst vor einem Atomkrieg in Europa", dessen Wahrscheinlichkeit „nicht sehr hoch, aber angesichts des Ausmaßes dessen, was eine solche Katastrophe für die Welt mit sich brächte, immer noch viel zu hoch" (ebd., S. 102) sei. Da dieses Szenario jedoch in erster Linie auf Europa bzw. die potenziellen Konfliktregionen der Atommächte zugeschnitten zu sein scheint, gerät in den Hintergrund, dass viele militärische Konflikte der Gegenwart von besagtem Problem gar nicht ernsthaft betroffen sind. Für eine pazifistische Perspektive auf alle Konflikte und möglichen Kriege lässt sich daher mit dem Blick auf die Atomkriegsgefahr argumentativ manches, aber nicht alles gewinnen. Der Verweis auf dieses Szenario kann bestenfalls als Ergänzung für bestimmte Konfliktszenarien dienlich sein, aber keinen Pazifismus als ethische Konzeption stützen, der für *alle* Fälle gedacht ist.

Angesichts des aktuellen Krieges zwischen Russland und der Ukraine plädiert Müller übrigens dafür, als dritte Partei äußerst defensiv zu agieren und nichts zu tun, was einen Atomkrieg heraufbeschwören könnte. Die kriegerische Handlung, der Ukraine Waffen zu liefern, lehnt Müller aus

Sorge vor möglichen Folgen ab (vgl. ebd., S. 107), andere kriegerische Handlungen nicht. Er schreibt in einem neueren Beitrag: „Meiner Ansicht nach müssen wir die Ostgrenze der Nato schleunigst mit massiven Verteidigungskräften absichern, um der verblüffend schwachen russischen Armee eine so starke Abwehr entgegenzustellen, dass in Moskau gar nicht erst der Gedanke aufkommen kann, wir ließen uns überrennen. Wir müssen vor Ort nicht nur gepanzerte Verbände mit starker Feuerkraft stationieren, sondern auch Raketen-Abwehrsysteme, die entschieden defensiv anzulegen sind. […] Eine solche Grenze abzudichten, wäre […] eine […] kriegerische Maßnahme; aber sie ist weit weniger kriegerisch als das, was derzeit getan wird und offenbar immer weiter gesteigert werden soll" (Müller 2024a, S. 106–107). Diese Worte dürften die Wenigsten von einem Pazifisten erwarten.

Ist der „pragmatische Pazifismus" von Müller eine Spielart des Pazifismus? Erstens geht Müller mit seiner These, dass der Krieg der Alliierten gegen das nationalsozialistische Deutschland moralisch zulässig war, über das hinaus, was relative Pazifisten eigentlich einräumen können. Und er thematisiert zu wenig die Bedenken, die sogar vonseiten der LgK an Teilen der alliierten Kriegsführung vorgebracht wurden (s. Kap. 3). Das ist bemerkenswert. Zweitens befürwortet Müller am Ende seines Buches über den „pragmatischen Pazifismus" (Müller 2022) und in der zuletzt zitierten Stelle explizit kriegerische Maßnahmen, sogar im Atomzeitalter. Ob Letzteres zwingend aus seinem Ansatz folgt, ist durchaus diskutabel. Damit hat er sich, um bei seiner eigenen begrifflichen Einteilung zu bleiben, nicht explizit dafür ausgesprochen, *den* Krieg in der modernen Zeit für moralisch erlaubt zu halten. Er unterscheidet ja zwischen mehr oder weniger kriegerischen Handlungen. Doch ist er in einer Konfliktsituation nicht dagegen, punktuell und defensiv aufzurüsten, eine Verteidigungslinie, die von Konkurrenten als Bedrohung missinterpretiert werden kann, zu ziehen, und damit insgesamt die Institution des Krieges nicht abzuschaffen. Grundsätzlich gilt aus unserer Sicht: Wer glaubwürdig mit dem Einsatz kriegerischer Mittel drohen möchte, muss auch bereit sein, diese im Ernstfall einzusetzen.

Hier hat man es also mit einem doch recht kriegerischen „pragmatischen Pazifismus" zu tun, der dafür plädiert, in Konfliktfällen eventuell milde kriegerische Möglichkeiten auszuschöpfen, die allerdings zu Aufrüstung und zur Fortentwicklung von Gewaltspiralen beitragen können, letzten Endes womöglich zu Krieg. Dies halten wir weder für unvernünftig noch per se für moralisch anrüchig, aber es fällt sehr schwer, diesen Überlegungen das Etikett ‚Pazifismus' anzuheften. Manchmal formuliert Müller so, dass kaum mehr ersichtlich ist, wie man seine Überlegungen von denen eines Vertreters der LgK abgrenzen sollte: Solange die „Gesinnungsethiker" angesichts von Menschenrechtsverletzungen und „verbrecherischen Angriffskriegen", so Müller, „an der reinen Lehre ihres Pazifismus festhalten, werden sie mit den Achseln zucken und sogar im Fall bester Erfolgsaussichten trotzdem noch gegen eine militärische Intervention oder Waffenlieferungen oder andere kriegerische Handlungen plädieren. Das lässt sich nur mit verschlossenen Herzen durchziehen und läuft auf die hässliche Botschaft hinaus: So leid es uns tut, ihr seid uns gleichgültig" (ebd., S. 26). Das öffnet dem Denken in den Kategorien der LgK Tür und Tor. Auch wenn einer von uns andernorts die These, dass es sich bei Müllers pragmatischem Pazifismus um eine Form des Pazifismus handelt, verteidigte (vgl. Widdau 2024), sind wir nach einer neuen Prüfung davon überzeugt, dass dem letztlich nicht so ist.

5.4 Pazifismus passé?

Wir schlussfolgern, dass die referierten angeblichen Spielarten des Pazifismus keine sind bzw. nicht so bezeichnet werden sollten. Wir denken, dass sie besser zu der Gruppe der Ansätze zu zählen sind, mit denen behauptet wird, dass Kriege prinzipiell und auch praktisch moralisch gerechtfertigt werden können. Dies sind solche der LgK. Die Ansätze von Pollmann, Hinsch und Müller, die aus unserer Sicht allesamt in der ethischen Debatte über Krieg und Frieden beachtet werden sollten, eint, dass sie aufgrund moralischer Skrupel dazu anhalten, genau hinzuschauen, ob Kriege und kriegerische Akte moralisch legitim sind. Ebenfalls eint sie, dass sie wenige Ausnahmen zulassen, also sehr viele Kriege für moralisch falsch halten, womöglich fast alle. Doch dies genügt nicht, um eine pazifistische Position einzunehmen.

Die Juristin Sibylle Tönnies fragte vor fast 30 Jahren in einer auf den deutschen Diskurs über Krieg und Frieden bezogenen Polemik griffig, ob der „Pazifismus passé" (Tönnies 1997) ist. Dies ist, so unsere Einschätzung, im Großen und Ganzen zu bejahen. Als ethische Konzeption ist er theoretisch nicht überzeugend. Und praktisch wird er, wenn man genau hinschaut, seltener wirklich vertreten, als es auf den ersten Blick den Anschein hat. Dennoch sollte man Elemente der pazifistischen Kritik in diesem Diskurs bewahren, und zwar auch dann, wenn man davon ausgeht, dass es gerechte Kriege geben kann und gibt. Darauf werden wir nun zu sprechen kommen.

6

Die Lehre vom gerechten Krieg und die bleibende Bedeutung des Pazifismus

Bislang haben wir in diesem Buch zwei zentrale Thesen aufgestellt und begründet: zunächst die, dass der Pazifismus aus ethischer Perspektive in einer Welt voller Kriege kein Ausweg ist, den man beschreiten sollte. Weder direkte noch indirekte Argumente für den Pazifismus vermögen zu überzeugen, gleich, ob man deontologisch oder konsequentialistisch argumentiert. Dann behaupteten wir, dass in der deutschen Debatte der letzten Jahrzehnte vermeintliche Spielarten des Pazifismus Varianten der LgK sind oder sie sich zumindest besser als solche charakterisieren lassen. Somit verfuhren wir zunächst normativ-theoretisch, dann diskursiv-empirisch kritisch: Wir argumentierten dafür, dass der Pazifismus nicht die vorzugswürdige ethische Konzeption ist, wenn es um Krieg und Frieden geht. Dann wiesen wir nach, dass es im Diskurs Ansätze gibt, die vorgeben, pazifistische zu sein, aber anders etikettiert werden sollten. Kurzum: Wir denken, dass der Pazifismus theoretisch schlechte Karten und praktisch sehr wenige Befürworter

A. Staudacher, C. S. Widdau, *Pazifismus – Ausweg in einer Welt voller Kriege?*, #philosophieorientiert,
https://doi.org/10.1007/978-3-662-72847-5_6

hat. Am Rande: Viele vermeintliche Pazifisten gehören übrigens nicht einmal zu denen, die als Anhänger des Just-War-Pazifismus bekannt sind (vgl. Orend 2006, S. 244). Diese behaupten, dass der Pazifismus dann anzuerkennen ist, wenn man Kriterien der LgK in Augenschein nimmt und prüft, ob diese konkret erfüllt sind oder sein können. Weil das, was die LgK einzuhalten vorschreibt, um einen Krieg beginnen und führen zu dürfen, nicht eingehalten werden könne, bleibe nichts anderes übrig als der Pazifismus (vgl. Ryan 2018, S. 279; s. hierzu auch unseren Hinweis in Abschn. 3.4, dass sich die LgK so restriktiv fassen lässt, dass sie zu demselben Ergebnis führt wie der relative Pazifismus).

6.1 Ein Vorschlag zur Güte

Bis hierhin haben wir kaum ein gutes Haar am Pazifismus gelassen. Abschließend plädieren wir allerdings dafür, *pazifistische Kritik* in der ethischen Debatte über Krieg und Frieden zu verteidigen und zu bewahren. Es ist sinnvoll, wie es Pollmann formuliert, an „wichtigen Intuitionen des Pazifismus" (Pollmann 2018, S. 173) festzuhalten. Dem Pazifismus als ethischer Konzeption ist aus unserer Sicht eine Absage zu erteilen. Aber das kritische Potenzial pazifistischen Denkens, besonders das Beharren auf der zu intensivierenden Suche nach friedlichen Alternativen zu kriegerischen Mitteln und das Ideal einer befriedeten Welt als eine Art regulative Idee, die Handlungsentscheidungen mitbestimmen sollte, sind des Bewahrens wert (vgl. auch Gisbertz-Astolfi 2025b). Zugegeben: Diese Elemente gehören nicht nur zum Pazifismus. Auch jemand, der nicht Pazifist ist, kann sie wertschätzen. Und genau darauf werden wir aufbauen können. Doch sind sie zum einen *auch* dem Pazifismus zugehörig, ihm also nicht fremd. Zum anderen dürften *insbesondere* die, die dem Pazifismus zuneigen, sie als besonders wichtig erachten.

Weswegen sind die zuvor genannten Punkte pazifistischer Kritik bewahrenswert? Schlicht deswegen: Weil friedliche Mittel der Konfliktbewältigung grundsätzlich mildere Mittel als kriegerische sind und sie somit weniger schwerwiegende körperliche und seelische Übel hervorrufen, und weil es in einer befriedeten Welt grundsätzlich weniger schwerwiegende körperliche und seelische Übel gibt als in einer vom Krieg oder einer permanenten Kriegsdrohung geplagten. Das dürfte für die Mehrheit der Ethiker, unabhängig davon, welcher ethischen Theorie oder Konzeption sie folgen, unumstritten sein. Dass sie es ethisch wert sind, beachtet zu werden, ist auch dann der Fall, wenn man nicht ausschließt, dass es einen moralisch zulässigen Krieg geben kann.

Angesichts dessen beschließen wir unser Buch mit einem Vorschlag: Wenn der Pazifismus und der Bellizismus ethisch nicht überzeugend sind und der Realismus ethisch keine Alternative sein kann, dann bleibt in konstruktiver Absicht die LgK übrig. Für die Zukunft des ethischen Diskurses über Krieg und Frieden spricht unseres Erachtens am meisten dafür, sie als Orientierung heranzuziehen und kritisch weiterzuentwickeln. Dafür plädieren wir. Doch plädieren wir auch dafür, die beiden zu Beginn dieses Unterkapitels genannten Elemente pazifistischer Kritik, die es wert sind, bewahrt zu werden, stärker als bislang oder überhaupt an die LgK zu koppeln. Diesen Vorschlag können wir hier nur programmatisch unterbreiten. Angemessen umsetzen können wir ihn in diesem Buch, in dem die Kritik des Pazifismus im Mittelpunkt steht, nicht. Zureichend ausarbeiten müsste man ihn an anderer Stelle. Dazu möchten wir einladen.

Um den Vorschlag greifbar zu machen, werden wir nun eine jüngst vorgelegte Variante der LgK ins Spiel bringen, die wir für aussichtsreich halten. Es wird keine eigene sein, sondern die von Reinold Schmücker, die wir in der Kritik des menschenrechtlichen Pazifismus von Pollmann bereits erwähnten. Warum haben wir diese ausgesucht? Dafür gibt es vor dem Hintergrund unseres Vorschlags, die LgK zur Orientierung heranzuziehen und mit pazifistischer Kritik zu verbinden, drei Gründe.

Der erste Grund: Die Variante wurde unter Gegenwartsbedingungen verfasst und kommt ohne religiöse Vorannahmen aus, wie sie etwa bei Augustinus und etlichen Vertretern der LgK zu finden sind. Solche Varianten mit religiösen Vorannahmen werden natürlich niemanden überzeugen können, der diese Annahmen nicht teilt. Schmücker kauft keine mit einem Religionsbezug versehenen Thesen ein. In seine areligiöse Variante fließen zudem historische und aktuelle Konflikterfahrungen ein und die Kenntnis von „neuen" und asymmetrischen Kriegen. Sie ist somit im Gegenwartsdiskurs anschlussfähiger als bspw. die von Augustinus (vgl. zu dessen Konzeption Keller 2009; Schulz 2007).

Der zweite Grund: Schmückers Variante ist sehr anspruchsvoll. Er lässt nur sehr wenige Anlässe zur Kriegsführung gelten und legt deren konkreter Durchführung engste Zügel an. Er nimmt an, dass es viele inhaltlich gesättigte Kriterien zu beachten gilt. Er fordert, dass alle Kriterien des in der Theorie entwickelten gerechten Krieges konkret erfüllt sein müssen, damit ein Krieg moralisch zulässig ist. Angesichts dessen ist seine Variante unseres Erachtens bedenkenswerter als bspw. eine solche, die in Erwägung zieht, dass ein Krieg auch dann gerecht genannt werden kann, wenn er ungerecht geführt wird, was in Schmückers Konzeption ausgeschlossen ist. Sie ist somit *außerordentlich* kriegskritisch. Doch selbst sie kann und sollte noch pazifistisch kritisiert werden.

Der dritte Grund: Schmückers Variante kann so interpretiert werden, dass sie mindestens eines der genannten Elemente pazifistischer Kritik bereits klar einbezieht und das andere zumindest als Anlage enthält. Somit kommt sie unserem Vorschlag, den Versuch zu unternehmen, die LgK um diese zu ergänzen, entgegen. Wir können mit ihr beispielhaft andeuten, was die Einbeziehung bedeuten würde.

6.2 Schmückers Variante der Lehre vom gerechten Krieg

Schmücker konzentriert sich besonders auf die Frage, ob es einen moralisch zulässigen Angriffskrieg geben kann (wir selbst haben bereits dargelegt, weswegen ein Selbstverteidigungskrieg als moralisch zulässig gelten sollte). Gemäß Schmücker ist ein Angriffskrieg genau dann ein gerechter Krieg, wenn sechs Kriterien beachtet und die entsprechenden Bedingungen erfüllt sind. An dieser Stelle können wir nicht genau referieren, wie Schmücker in seiner kompakten und reichhaltigen Analyse auf diese Kriterien und Bedingungen kommt und warum er andere ausschließt. Das ist für unseren Zweck aber auch nicht schlimm. Hier und abschließend ist es nur entscheidend, unseren Vorschlag einzubringen und zu plausibilisieren.

Grundsätzlich ist zu beachten, dass bei Schmücker, wie schon bei Pollmann und Hinsch, der Menschenrechtsschutz zentral und normativ besonders zu berücksichtigen ist (Schmücker 2025, S. 65–73). Somit sind bestimmte moralische Rechte besonders wichtig, die weithin (zumindest pro forma) und generell anerkannt sind, nämlich Menschenrechte. Zudem ist grundsätzlich zu beachten, dass auch in seiner Konzeption die Souveränität eines Drittstaates nicht unter allen Umständen moralisch verbietet, diesen attackieren zu dürfen, und dass bei ihm die Beachtung der voraussichtlichen Konsequenzen von Handlungen eine wichtige Rolle spielt. Denn er lehnt es angesichts von zu erwartenden Opfern eines Krieges, vermeintlich schuldigen und unschuldigen, Kombattanten und Zivilisten, im Gegensatz zu manch anderen, die strikt deontologisch argumentieren (vgl. z. B. Bittner 2004), nicht kategorisch ab, Güter und Übel abzuwägen und quantitative Erwägungen einzubeziehen. So sagt er etwa, „dass die Zahl der Unschuldigen, denen ein Krieg voraussehbar Schaden zufügen wird […] keinesfalls größer sein darf als die Zahl derjenigen, deren unverschuldete Not der Krieg abwenden soll" (Schmücker 2025, S. 72).

Laut Schmücker (vgl. ebd., S. 73–74) und anderen Autoren ist ein Angriffskrieg genau dann ein gerechter Krieg, wenn er sechs notwendige Bedingungen erfüllt, die zusammen hinreichend sind. Es genügt also nicht, dass er fünf der Bedingungen erfüllt. Ein Angriffskrieg sei gerecht, wenn (1) eine legitime Autorität über seinen Beginn befindet. Diese Bedingung sei erfüllt, wenn der Krieg „auf der Entscheidung einer legitimen Regierung beruht, deren Situationswürdigung in einem sachlich angemessenen Maß die (ggf. mittelbare) Zustimmung der Bürger des betreffenden Staates findet" (ebd., S. 73). Was bedeutet das? Eine legitime Regierung ist gemäß Schmücker eine, deren Entscheidungsbefugnis aufseiten der Bürger anerkannt ist; die angemessene Entscheidung, einen Krieg zu beginnen, gründet in der tatsächlichen oder wohlbegründet zu vermutenden Zustimmung der Bürger zu dieser Entscheidung. Natürlich kann man nun die Frage stellen, wie man, wenn es keine Abstimmung oder Umfrage gibt, die Zustimmung der Bürger annehmen darf. Dies ist unseres Erachtens aber kein von Philosophen, sondern z. B. von Vertretern der Politischen Theorie und Soziologie zu lösendes Problem. Philosophisch geht es zunächst nur um die Bestimmung von Kriterien und Bedingungen. An diesem Punkt könnte man kritisch nachfragen, ob nicht auch eine Befreiungsbewegung eine legitime Autorität sein könnte, also eine, die einen Krieg *beginnen* darf. Wenn man die Befreiungsbewegung allerdings als eine sich *verteidigende* Gruppe ansieht, dann kann man hier antworten, dass es sich in einem solchen Fall nicht um einen Angriffskrieg, sondern womöglich eher um einen Selbstverteidigungskrieg handelt. Ob es in konkreten Fällen angemessen ist, dies so zu sehen, ist natürlich von ebendiesen Fällen abhängig.

Für den Angriffskrieg müsse ebenfalls gelten, dass er (2) einen gerechten Grund hat. Dies ist laut Schmücker ausschließlich der, Nothilfe zu leisten, weil in dem angegriffenen Staat zentrale Menschenrechte von Staatswegen systematisch verletzt oder deren systematische Verletzung toleriert wird. Andere Kandidaten für rechtfertigende Gründe, etwa den der Bestrafung von einst erlittenem Unrecht, hat Schmücker, wie wir denken zurecht, etwa mit dem Hinweis auf die internationale Gerichtsbarkeit und die allgemeine Kritik an „Selbstjustiz" (ebd., S. 58) zurückgewiesen. Auch Präventivkriege hält Schmücker, aus unserer Sicht mit Recht, für moralisch unzulässig: Allein die irgend „begründete Furcht" vor einem Angriff ist kein zureichender Rechtfertigungsgrund, weil dadurch „eine Art Gefühl eines Staates zum entscheidenden Kriterium" (ebd., S. 61) gemacht wird. Dies ist allzu schwach sowie schwerlich prüf- und operationalisierbar. Ist das „Gefühl" entscheidend, dann kann im Grunde jeder hierzu Berechtigte einen Krieg beginnen und sich als „gerecht agierend" bezeichnen.

Zudem müsse gelten, (3) dass die gerechte Absicht der Angreifenden vorliegt. Deren Intention müsse es sein, den Menschenrechtsschutz zu erwirken und dies so wenig schädlich wie möglich zu tun, somit die Absicht zu verfolgen, das Ziel „so wenig schädigend wie möglich zu erreichen und keine Übel zu bewirken, die zu seiner Erreichung nicht erforderlich sind“ (ebd., S. 73).

Außerdem müsse (4) das Recht im Krieg beachtet werden, was bedeutet: das Kriegsvölkerrecht bzw. humanitäre Völkerrecht, dessen „außerordentlich weitreichende internationale Anerkennung […] ein Indiz dafür“ sei, dass seine „Missachtung mit den moralischen Intuitionen der meisten Menschen allenfalls in besonders gelagerten Ausnahmefällen vereinbar ist“ (ebd., S. 50). Darüber hinaus müsse es (5) der Fall sein, dass es kein milderes Mittel als den Krieg gibt, um die Nothilfe zu leisten. Dies sei dann gegeben, wenn „der hilfsbedürftigen Gruppe selbst durch großzügigste nichtmilitärische Hilfe und großzügigste Gastfreundschaft des eine Intervention erwägenden Staates nicht geholfen wäre“ (ebd., S. 74).

Zuletzt (6) müsse der Angriffskrieg „eine im Verhältnis zu der Zahl der Unschuldigen, denen er voraussichtlich schwere Schäden zufügen wird, hinreichend große Zahl von Menschen vor nicht minder schweren Schäden zu bewahren“ versprechen, „die ihnen durch die von Staats wegen vorsätzlich praktizierte oder tolerierte Verletzung der elementarsten, die physische Integrität betreffenden Menschenrechte drohen“ (ebd.).

Schmückers hier bloß in groben Zügen nachgezeichnete Variante ist, wie gesagt, anspruchsvoll. Ihr zufolge müssen mehrere Kriterien beachtet und Bedingungen erfüllt werden. Zudem: Ein einziger gerechter Grund für einen Angriffskrieg wird in ihr identifiziert, sodass hinsichtlich sehr vieler Angriffskriege allein dadurch ausgeschlossen wird, dass sie als gerecht bezeichnet werden dürfen. Allerdings, und damit leiten wir im Grunde schon zum nächsten Unterkapitel über, formuliert Schmücker weitere Thesen, die wir als problematisch erachten. So formuliert er bspw. mit Blick auf den Fall der militärischen Selbstverteidigung, dass Bürger durchaus das Recht hätten, den Wehrdienst zu verweigern, wenn sie denken, damit ihr Leben retten zu können, aber: „Im Verteidigungsfall moralisch zur Erzwingung des Wehrdienstes seiner Bürger berechtigt wäre ein Staat [...] dann, wenn er ihnen die Möglichkeit bietet, den Wehrdienst zu verweigern, indem sie das Staatsgebiet unter Verzicht auf den Schutz und alle künftigen Leistungen des betreffenden Staates und insbesondere unter Verzicht auf ihre Eigentumsrechte an allen immobilen Gütern verlassen, die sich auf dem Gebiet des Staates befinden, der seine territoriale Integrität zu verteidigen sucht" (ebd., S. 120–121). Das scheint angesichts der Möglichkeit von Bürgern, dem angegriffenen Staat auch anders dienlich sein zu können als im Wehrdienst, überaus strikt und ist eher ein von starken Zusatzannahmen geprägter Vorschlag als etwas, das aus seiner Konzeption zwingend zu schließen ist (s. hierzu auch unsere Diskussion der Wehrpflicht und des Arguments [I3] in Abschn. 4.3).

6.3 Pazifistische Kritik

Wie können nun die beiden zu Beginn dieses Kapitels genannten Elemente pazifistischer Kritik, die wir als bewahrenswert auszeichneten, in der von Schmücker vorgelegten Variante der LgK eine Rolle spielen? Das erste Element spielt in ihr bereits eine Rolle und ist auch anderen Varianten der LgK nicht fremd. Zumindest gibt es prinzipiell keinen Grund, weswegen sie es nicht aufnehmen *könnten*. Schmücker spricht, sich auf die fünfte der sechs notwendigen Bedingungen beziehend, von großzügigster nichtmilitärischer Hilfe und von großzügigster Gastfreundschaft (vgl. ebd., S. 74). Dies schließt sehr vieles ein. Denn unter „nicht militärischer Hilfe“ kann etliches gefasst werden, etwa diplomatische Bemühungen, die Unterstützung bei zivilem Widerstand, die Lahmlegung von analoger und digitaler Infrastruktur oder wirtschaftliche Sanktionen. Man kann dies so interpretieren: Es geht um das ganze Arsenal friedlicher Hilfsmittel, somit solcher, die nicht militärisch gewalttätig sind. Mit dem Punkt der Gastfreundschaft spricht Schmücker an, Verfolgten und Opfern der Menschenrechtsverletzungen im eigenen Staat Unterschlupf zu gewähren, und zwar sicherlich so, wie dies rechtlich kodifiziert und vorgeschrieben ist, allerdings womöglich auch, wie dies vonseiten der aufnehmenden Bevölkerung über das rechtlich Verbindliche hinaus als angemessen erachtet wird. „Großzügigste Gastfreundschaft“ muss hier wohl so verstanden werden, dass diese noch über die Aufnahme und den Schutz von Verfolgten gemäß Asylrecht und internationalen Flüchtlingskonventionen hinausgeht. Sonst würde der Ausdruck kaum zu verstehen sein. Wie weit dies reicht, kann nicht allgemein festgelegt werden, doch ist es bemerkenswert, dass Schmücker damit eine weitere Hürde für die Annahme der Legitimität einer Kriegsführung aufbaut.

Für unseren Vorschlag ist es entscheidend, dass der pazifistische *Impuls*, alle möglichen anderen Mittel als die der militärischen Gewalt ins Spiel bringen zu wollen, kennzeichnend für die Variante ist. Zugegeben: Schmücker und ein Pazifist werden sich in einem konkreten Fall, bei dem jemand behauptet, dass alle möglichen anderen Mittel ins Spiel gebracht wurden, vielleicht darüber streiten, ob dies den Tatsachen entspricht – darauf werden wir in diesem Absatz noch zu sprechen kommen –, doch ist dies kein genuin ethischer Streit, sondern einer, der letztlich unter der Berücksichtigung politischer und psychologischer Daten,

Fakten und Annahmen zu führen ist. Aus ethischer Perspektive zählt jedoch, dass die Variante sehr hohe ethische Hürden für Militäreinsätze errichtet. Vertreter der LgK sollten die pazifistische Kritik, beständig nach den möglichst milden Mitteln zu suchen, um einen Konflikt von Parteien für diese akzeptabel zu beenden, nicht leichtfertig überhören. So ist es eine Sache, der Ukraine militärische Mittel zur Verfügung zu stellen, um sich gegen den russischen Überfall zu wehren, eine ganz andere wäre es jedoch, selber an ihrer Seite gegen Russland in den Krieg zu ziehen. Im Prinzip wäre solch ein Schritt aber mit der LgK vereinbar. Selbst Schmücker scheint zumindest die Ultima-Ratio-Bedingung für einen legitimen Angriff auf Russland erfüllt zu sehen (vgl. Schmücker 2025, S. 115–116). Hier scheint uns aber die pazifistisch inspirierte Warnung vor den Konsequenzen solch eines Schrittes durchaus angebracht. Auch droht bei einigen in der öffentlichen Debatte angesichts der Art der Kriegsführung Russlands die Einsicht verloren zu gehen, dass man irgendwann wieder friedlich zusammenleben können muss und sich daher die Frage stellt, wie dies zu erreichen ist und wie dies dann konkret umgesetzt werden kann. Unabhängig vom Ukraine-Krieg scheint gegenwärtig weltweit die Bereitschaft über Rüstungsbegrenzungen, ja über Abrüstung zu verhandeln, auf allen Seiten zunehmend zu schwinden. Generell scheint der Standpunkt „Wenn du Frieden willst, bereite den Krieg vor!" zunehmend Konjunktur zu haben. Der Pazifismus kann zu der Einsicht verhelfen, dass dieser Standpunkt auch zu einem verengten Blickwinkel führen kann.

Wie Schmückers Variante beispielhaft zeigt, können Vertreter der LgK durchaus annehmen, dass man auf die Institution des Krieges nicht vollumfänglich verzichten kann, ohne zugleich vorschnell auf die militärische Karte zu setzen. Darüber sollte mehr nachgedacht werden. Allein aus Erfahrung sollte man nicht eilfertig auf den Krieg als Mittel setzen, was nicht zu dem Kurzschluss führen sollte, ihn grundsätzlich abzulehnen: In den letzten Jahrzehnten gab es Fälle von zumindest sogenannten humanitären Interventionen, die keineswegs als vollumfänglich erfolgreich, eher als ganz anders einzuschätzen sind, um es vorsichtig auszudrücken, etwa die 1992 begonnene *Operation Restore Hope* in Somalia (vgl. Matthias 1994). Auch angesichts solcher Fälle sollten die Erforschung und die Erprobung von Maßnahmen zur nicht militärischen Konfliktbewältigung und zur sozialen Verteidigung, wie seit jeher nicht nur von Friedens- und Konfliktforschern gefordert, gefördert und intensiviert werden (s. Abschn. 4.2). Es ist bemerkenswert, dass über diese Maßnahmen öffentlich viel weniger gesprochen wird als über militärische und kriegerische Handlungsoptionen. Dies ist ein Mangel, und zwar selbst dann, wenn man, wie wir, nicht davon ausgeht, dass der Pazifismus der Ausweg in einer Welt voller Kriege ist.

Das zweite Element, nämlich das Ideal einer im negativen wie im positiven Sinne befriedeten Welt (s. unsere Hinweise und Bezugnahmen auf Galtung in Abschn. 2.1), die zu stiften ist, weil sie sich nicht *natürlich entwickelt*, spielt in Schmückers Variante am Rande eine Rolle. An einer Stelle spricht er etwas an, das in diese Richtung weist. So seien in die Überlegung, ob ein Krieg geführt werden darf, „auch alle voraussehbaren langfristigen Folgen und Nebenfolgen einzubeziehen, zu denen auch die jeweiligen Folgen für das Ökosystem gehören" (Schmücker 2025, S. 54). Später taucht dieser Gedanke kaum mehr merklich auf, wenn er die Kriterien und Bedingungen eines gerechten Krieges zusammenfasst (ebd., S. 73–74). Man sollte unseres Erachtens darüber nachdenken, ob in einem Ansatz der LgK, in dem die Folgen von Handlungen ethisch eine wichtige Rolle spielen, nicht eine weitere Bedingung verstärkt oder noch deutlicher eingebracht werden sollte. Diese hat mit der Frage nach dem Recht nach dem Krieg (*ius post bellum*) zu tun. Es geht um die Bedingung der Beachtung nicht nur kurzfristiger, sondern auch mittelfristiger und langfristiger Folgen, etwa im Sozialen und im Ökologischen.

Wenn ein von Schmücker ins Spiel gebrachter Nothilfeeinsatz als einziger aussichtsreicher Kandidat eines gerechten Angriffskrieges aller möglichen Voraussicht nach *auf lange Sicht* gesehen zu noch viel mehr Opfern und schwersten Folgeschäden führen dürfte, weil er die hohe Wahrscheinlichkeit aufweist, weitere Kriege und katastrophale Nebenfolgen hervorzurufen und somit die Welt absehbar unfriedlicher zu machen, dann ist, bei allen moralischen Problemen, die das Unterlassen von Nothilfe mit sich bringt, zumindest darüber nachzudenken, ob dies nicht stärker ins Gewicht fallen sollte. Ein Vertreter der LgK müsste eventuell kurz-, mittel- und langfristige Folgen genauestens einzubeziehen versuchen. Dies wäre aus unserer Sicht ethisch konsequent.

Hiermit konnten wir abschließend natürlich nicht umfänglich oder gar lückenlos diskutieren, was für und was gegen Schmückers Variante der LgK spricht. Dies wäre der Gegenstand einer Einzeluntersuchung. Wir konnten sie am Ende unseres Buches nur als einen aussichtsreichen Kandidaten der LgK ins Spiel bringen, der auf zahlreiche Kritikpunkte in der philosophischen Debatte über Krieg und Frieden konstruktiv eingeht und als ethisch anspruchsvoll gelten darf. Doch selbst an dieser Variante lässt sich, wie wir gerade sehen konnten, eine durchaus einleuchtende Kritik aus einer pazifistisch motivierten Perspektive üben. Das bedeutet aber eben nicht, dass man den Pazifismus der LgK vorziehen sollte.

Take-Home-Messages

1. Der Pazifismus als eine ethische Konzeption vermag nicht zu überzeugen. Dieses Urteil gilt unabhängig davon, ob er absolut oder relativ verstanden wird, und welcher der beiden bedeutendsten Grundlagentheorien der normativen Ethik, Deontologie oder Konsequentialismus, man folgt. Sich dem Pazifismus anzuschließen, führt in einer Welt, in der nicht alle friedfertig sind, zu moralisch fragwürdigen Folgen.
2. Der Pazifismus als eine ethische Konzeption wird, obwohl manchmal anderes suggeriert oder behauptet wird, in der deutschen Öffentlichkeit und Fachdebatte praktisch selten vertreten. Einige der vermeintlichen Spielarten des Pazifismus sind eher als Varianten der Lehre vom gerechten Krieg, somit als Varianten eines Gegenspielers des Pazifismus, anzusehen.

A. Staudacher und C. S. Widdau, *Pazifismus – Ausweg in einer Welt voller Kriege?*, #philosophieorientiert,
https://doi.org/10.1007/978-3-662-72847-5

3. Auch wenn der Pazifismus als eine ethische Konzeption nicht zu überzeugen vermag, gilt: Die Lehre vom gerechten Krieg, die in der Frage nach der Moral des Krieges bei allen Schwächen am ehesten ethisch angemessen orientiert, sollte bewahrenswerte Elemente des pazifistischen Gedankenguts integrieren.

Literatur

Alexander, Larry/Moore, Michael: Deontological Ethics. In: The Stanford Encyclopedia of Philosophy (Winter 2024 Edition). Edward N. Zalta/Uri Nodelman (Hg.). https://plato.stanford.edu/archives/win2024/entries/ethics-deontological/ (27.9.2025).

Birnbacher, Dieter: Analytische Einführung in die Ethik. New York/Berlin [3]2013.

Bittner, Rüdiger: Humanitäre Interventionen sind unrecht. In: Georg Meggle (Hg.): Humanitäre Interventionsethik: Was lehrt uns der Kosovo-Krieg? Paderborn 2004, 99–106.

Bondurant, Joan V.: Conquest of Violence. The Gandhian Philosophy of Conflict. Revised Edition. Berkeley/Los Angeles [2]1965.

Boserup, Anders/Mack, Andrew: Krieg ohne Waffen? Reinbek 1974 (dän. 1974).

Brunstetter, Daniel R./O'Driscoll, Cian (Hg.): Just War Thinkers. From Cicero to the 21st Century. Abingdon/New York 2018.

A. Staudacher und C. S. Widdau, *Pazifismus – Ausweg in einer Welt voller Kriege?*, #philosophieorientiert,
https://doi.org/10.1007/978-3-662-72847-5

Busche, Hubertus: Die Humanitäre Intervention im Überblick. Ihr Begriff, ihre Geschichte, ihre völkerrechtliche und ethische Beurteilung. In: Ders./Daniel Schubbe (Hg.): Die Humanitäre Intervention in der ethischen Beurteilung. Tübingen 2013, 1–18.

Charta der Vereinen Nationen [1945]. In: Völkerrechtliche Verträge. Albrecht Randelzhofer (Hg.). München [9]2002, 1–24.

Clausewitz, Carl von: Vom Kriege [1832–1834]. Reinbek [11]2002.

Fiala, Andrew: War Cannot be Justified. In: Ders./Jennifer Kling: Can War Be Justified? – A Debate. New York/London 2023, 3–63 (Fiala 2023a).

Fiala, Andrew: Pacifism. In: The Stanford Encyclopedia of Philosophy (Fall 2023 Edition). Edward N. Zalta/Uri Nodelman (Hg.). https://plato.stanford.edu/archives/fall2023/entries/pacifism/ (27.9.2025) (Fiala 2023b).

Frankena, William K.: Analytische Ethik. München [2]1975 (engl. 1963).

Galtung, Johan: Strukturelle Gewalt. Beiträge zur Friedens- und Konfliktforschung. Reinbek [2]1977 (engl. 1975).

Gandhi, Mohandas K.: The Collected Works of Mahatma Gandhi. New Delhi 1999.

Gandhi, Mohandas K.: Ausgewählte Werke in 5 Bänden. Shriman Narayan (Hg.). Bearbeitet von Wolfgang Sternstein. Göttingen 2011.

Gisbertz-Astolfi, Philipp: Ethik des Krieges. Baden-Baden 2024.

Gisbertz-Astolfi, Philipp: Krieg, Frieden, Terrorismus. Die Begriffe ‚Krieg' und ‚Frieden' im historischen Kontext und vor dem Hintergrund des transnationalen Terrorismus. Paderborn 2025 (Gisbertz-Astolfi 2025a).

Gisbertz-Astolfi, Philipp: Pazifismus als Lehre des Friedenschaffens, nicht des bloßen Kriegablehnens. In: Zeitschrift für Ethik und Moralphilosophie 2025, 8, 3–20 (Gisbertz-Astolfi 2025b).

Glover, Jonathan: Causing Death and Saving Lives [1977]. London 1990.

Gorisse, Marie-Hélène: Jaina Philosophy. In: The Stanford Encyclopedia of Philosophy (Summer 2024 Edition). Edward

N. Zalta/Uri Nodelman (Hg.). https://plato.stanford.edu/archives/sum2024/entries/jaina-philosophy/ (27.9.2025).

Grotefeld, Stefan: Pazifismus oder Pazifizismus? Replik auf Wolfgang Lienemann. In: Jean-Daniel Strub/Ders. (Hg.): Der gerechte Friede zwischen Pazifismus und gerechtem Krieg: Paradigmen der Friedensethik im Diskurs. Stuttgart 2007, 101–116.

Haspel, Michael: Zwischen Internationalem Recht und partikularer Moral? Systematische Probleme der Kriteriendiskussion der neueren *Just War*-Theorie. In: Ines-Jacqueline Werkner/Antonius Liedhegener (Hg.): Gerechter Krieg – gerechter Frieden. Religionen und friedensethische Legitimationen in aktuellen militärischen Konflikten. Wiesbaden 2009, 71–81.

Hinsch, Wilfried: Die Moral des Krieges. Für einen aufgeklärten Pazifismus. Unter Mitarbeit von Peter Sprong. München 2017.

Hinsch, Wilfried: Frieden im Angesicht des Krieges. In: Astrid Hackel/Irina Spiegel (Hg.): Waffen nieder oder Waffen liefern? Bertha von Suttner und die Gegenwart des Krieges. Aschaffenburg 2024, 123–138.

Holmes, Robert L.: On War and Morality. Princeton 1989.

Holmes, Robert L.: Pacifism. A Philosophy of Nonviolence. London 2017.

Käßmann, Margot/Wecker, Konstantin, befragt von Matthias Morgenroth: Für eine starke Stimme des Pazifismus. In: Dies./Ders. (Hg.): Entrüstet euch! Warum Pazifismus für uns das Gebot der Stunde bleibt. Texte zum Frieden. Gütersloh 2015, 10–50.

Kant, Immanuel: Zum ewigen Frieden. Ein philosophischer Entwurf [1795]. Rudolf Malter (Hg.). Ditzingen 2005.

Keller, Andrea: Die politischen Voraussetzungen der Entstehung der *bellum iustum*-Tradition bei Cicero und Augustinus. In: Ines-Jacqueline Werkner/Antonius Liedhegener (Hg.): Gerechter Krieg – gerechter Frieden. Religionen und friedensethische Legitimationen in aktuellen militärischen Konflikten. Wiesbaden 2009, 23–41.

King Jr., Martin Luther: Loving Your Enemies. Predigt gehalten an der Dexter Avenue Baptist Church, vermutlich 17.11.1957.

https://kinginstitute.stanford.edu/king-papers/documents/loving-your-enemies-sermon-delivered-dexter-avenue-baptist-church (27.9.2025).

King Jr., Martin Luther: Eine Weihnachtspredigt über den Frieden. In: Ders.: Aufruf zum zivilen Ungehorsam. Düsseldorf/Wien 1993 (engl. 1967), 103–120.

King Jr., Martin Luther: A Gift of Love: Sermons from Strength to Love and Other Preachings. Boston 2012.

Kleemeier, Ulrike: Krieg, Recht, Gerechtigkeit – Eine ideengeschichtliche Skizze. In: Dieter Janssen/Michael Quante (Hg.): Gerechter Krieg. Ideengeschichtliche, rechtsphilosophische und ethische Beiträge. Paderborn 2017, 11–28.

Kling, Jennifer: War Can be Justified. In: Andrew Fiala/Dies.: Can War Be Justified? – A Debate. New York/London 2023, 64–121.

Kubo, Keichi: Why Kosovar Albanians Took Up Arms against the Serbian Regime: The Genesis and Expansion of the UÇK in Kosovo. In: Europe-Asia Studies, 2010, 62 (7), 1135–1152.

Levi, Primo: Ist das ein Mensch? Ein autobiographischer Bericht. München 2010 (ital. 1947).

Luban, David: Just War and Human Rights. In: Philosophy and Public Affairs, 1980, 9 (2), 160–181.

Mackie, John, L.: Ethics: Inventing Right and Wrong. London 1977.

Masala, Carlo/Nassehi, Armin: Ja, wir müssen reden – aber nicht so! In: DIE ZEIT online, 7.5.2025. https://www.zeit.de/kultur/2025-05/debattenkultur-krieg-aufruestung-aufruf-meinungsfreiheit/komplettansicht (2.11.2025).

Matthias, Volker: Die UNO in Somalia: Operation Enttäuschte Hoffnung. In: Aus Politik und Zeitgeschichte 31, 1994. https://www.bpb.de/shop/zeitschriften/apuz/archiv/537012/die-uno-in-somalia-operation-enttaeuschte-hoffnung/ (24.11.2025).

May, Larry: Contingent Pacifism. Revisiting Just War Theory. Cambridge 2015.

McMahan, Jeff: Killing in War. Oxford 2009.

Morgenthau, Hans, J.: Politics Among Nations. The Struggle for Power and Peace. New York 1948.

Müller, Olaf: Pazifismus. Eine Verteidigung. Ditzingen 2022.

Müller, Olaf: Vernunft, Mut, Wahrheit und Liebe: Der Jahrhundertpazifist Bertrand Russell. In: Bertrand Russell: Die Zukunft des Pazifismus. Olaf L. Müller (Hg.). Ditzingen 2023, 29–77.

Müller, Olaf: Pragmatischer Pazifismus. In: Astrid Hackel/Irina Spiegel (Hg.): Waffen nieder oder Waffen liefern? Bertha von Suttner und die Gegenwart des Krieges. Aschaffenburg 2024, 91–121 (Müller 2024a).

Müller, Olaf: Wir müssen dem Guten im Menschen einen Vertrauensvorschuss geben. Interview von Olaf Müller mit Fragen von Malte Henk und Wolfgang Uchatius. In: DIE ZEIT 50 (28.11.2024), 13–15 (Müller 2024b).

Narveson, Jan: Pacifism: A Philosophical Analysis. In: Ethics, 1965, 75 (4), 259–271.

Narveson, Jan: Pacifism. Fifty Years Later. In: Philosophia, 2013, 41, 925–943.

Niebuhr, Reinhold: Moral Man and Immoral Society. New York ²1960.

Nietzsche, Friedrich: Also sprach Zarathustra. Ein Buch für Alle und Keinen. In: Ders.: Werke in sechs Bänden. Band 3. Karl Schlechta (Hg.). München 1980, 275–561.

Orend, Brian: The Morality of War. Peterborough u. a. 2006.

Orend, Brian: War and Political Theory. Cambridge/Medford 2019.

Platon: Gorgias. In: Ders.: Werke Band 2. Günther Eigler (Hg.). Darmstadt 1990.

Pollmann, Arnd: Krieg im Namen der Menschenrechte? Der Beitrag der Praktischen Philosophie zur Auflösung eines mutmaßlichen Dilemmas. In: Ulrike Mürbe/Norman Weiß (Hg.): Philosophie der Menschenrechte in Theorie und Praxis. Über Aufgaben und Grenzen praktischer Philosophie vor dem Hintergrund menschen- und völkerrechtlicher Wirklichkeiten. Potsdam 2018, 155–178.

Rinke, Bernhard/Formella, Olivia/Ludeman, Mathias: Interventionen, Militärische Interventionen und Humanitäre Interventionen – Terminologische Differenzen in einem umstrittenen Begriffsfeld. In: Bernhard Rinke/Christiane Lammers/Reinhard Meyers/Georg Simonis (Hg.): Interventionen Revisited. Friedensethik und Humanitäre Interventionen. Wiesbaden 2014, 87–114.

Rudolf, Peter: Friede/Friedenstheorien. In: Dieter Nohlen/Rainer-Olaf Schultze (Hg.): Lexikon der Politikwissenschaft. Band 1: A–M. München [3]2005, 265–268 (Rudolf 2005a).

Rudolf, Peter: Krieg. In: Dieter Nohlen/Rainer-Olaf Schultze (Hg.): Lexikon der Politikwissenschaft. Band 1: A–M. München [3]2005, 493–494 (Rudolf 2005b).

Russell, Bertrand: Die Zukunft des Pazifismus. Olaf L. Müller (Hg.). Ditzingen 2023 (engl. 1943/44).

Ryan, Cheyney: Pacifism. In: Seth Lazar/Helen Frowe (Hg.): The Oxford Handbook of Ethics of War. New York 2018, 277–293.

Ryan, Cheyney: Pacifism as War Abolitionism. New York/London 2024.

Schmücker, Reinold: Gibt es einen gerechten Krieg? Ditzingen [2]2025.

Schulz, Raimund: Augustinus und die Vorstellung vom „gerechten Krieg". In: Hans-Joachim Heintze/Annette Fath-Lihic (Hg.): Kriegsbegründungen. Wie Gewaltanwendung und Opfer gerechtfertigt werden sollten. Berlin 2007, 11–18.

Singer, Peter: Leben und Tod. Der Zusammenbruch der traditionellen Ethik. Erlangen 1998.

Singer, Peter: Praktische Ethik. Ditzingen [3]2013 (engl. 2011).

Steinvorth, Ulrich: Das Ukraine-Dilemma, die Lehre vom gerechten Krieg und der Pazifismus. In: Deutsche Zeitschrift für Philosophie 2024, 72 (5), 643–655.

Tadros, Victor: Dimensions of Intentions: Ways of Killing in War. In: Seth Lazar/Helen Frowe (Hg.): The Oxford Handbook of Ethics of War. New York 2018, 401–417.

Tönnies, Sibylle: Pazifismus passé? Eine Polemik. Hamburg 1997.

Tolstoi, Lew Nikolajewitsch: Worin besteht mein Glaube? [1885]. In: Tolstoi-Friedensbibliothek Reihe A Band 6. Peter Bürger (Hg.). Düsseldorf 2023 (russ. 1883–1884).

Tugendhat, Ernst: Vorlesungen über Ethik. Frankfurt a. M. 1993.

von Treitschke, Heinrich: Politik. Vorlesungen gehalten an der Universität Berlin. Band 1. Max Cornicelius (Hg.). Leipzig 1897.

Walzer, Michael: The Triumph of Just War Theory (and the Dangers of Success). In: Ders.: Arguing about War. New Haven/London 2004, 3–22.

Walzer, Michael: Just and Unjust Wars. A Moral Argument with Historical Illustrations [1977]. New York ^{4}2006.

Weber, Max: Politik als Beruf [1919]. Nachwort von Ralf Dahrendorf. Ditzingen 2004.

Werner, Micha: B.2. Deontologische Theorien, Einleitung. In: Marcus Düwell/Christoph Hübenthal/Ders. (Hg.): Handbuch Ethik. Stuttgart/Weimar 2006, 122–127.

Widdau, Christoph Sebastian: Beiwortpazifismen. Über den pragmatischen und den aufgeklärten Pazifismus. In: Astrid Hackel/Irina Spiegel (Hg.): Waffen nieder oder Waffen liefern? Bertha von Suttner und die Gegenwart des Krieges. Aschaffenburg 2024, 139–152.

Zürn, Michael: Realistische Schule. In: Dieter Nohlen/Rainer-Olaf Schultze (Hg.): Lexikon der Politikwissenschaft. Band 2: N–Z. München ^{3}2005, 825–826.

9783662728468